2ª edição
Do 20º ao 23º milheiro
3.000 exemplares
Abril/2024

© 2016-2024 by Boa Nova Editora.

Capa e Projeto gráfico
Juliana Mollinari

Diagramação
Juliana Mollinari

Assistente Editorial
Ana Maria Rael Gambarini

Coordenação Editorial
Ronaldo A. Sperdutti

Impressão
Gráfica Rettec

Todos os direitos estão reservados.
Nenhuma parte desta obra pode ser
reproduzida ou transmitida por qualquer forma
e/ou quaisquer meios (eletrônico ou mecânico,
incluindo fotocópia e gravação) ou arquivada
em qualquer sistema ou banco de dados sem
permissão escrita da Editora.

O produto da venda desta obra é
destinado à manutenção das atividades
assistenciais da Sociedade Espírita
Boa Nova, de Catanduva, SP.

1ª edição: Junho de 2016 - 20.000 exemplares

PEDI E OBTEREIS

ALLAN KARDEC
TRADUÇÃO: J. HERCULANO PIRES

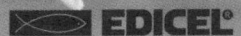

Editora Cultural Espírita Edicel
Instituto Beneficente Boa Nova
Entidade coligada à Sociedade Espírita Boa Nova
Av. Porto Ferreira, 1.031 | Parque Iracema
Catanduva/SP | CEP 15809-020
www.boanova.net | boanova@boanova.net
Fone 17.3531-4444 | Fax 17.3531-4443

Dados Internacionais de Catalogação na Publicação (CIP)
(Câmara Brasileira do Livro, SP, Brasil)

Kardec, Allan, 1804-1869.
 Pedi e obtereis / Allan Kardec ; tradução
J. Herculano Pires. -- Catanduva, SP: Editora
Cultural Espírita Edicel, 2016.

ISBN 978-85-8353-053-4

1. Espiritismo 2. Kardec, Allan, 1804-1869.
O Evangelho Segundo o Espiritismo 3. Orações
4. Orações - Coletâneas I. Título.

16-04238 CDD-133.9

Índices para catálogo sistemático:

1. Preces espíritas : Espiritismo 133.9

SUMÁRIO

Pedi e obtereis
Condições da prece. Eficácia da prece. Ação da prece. Transmissão do pensamento. Preces inteligíveis. Da Prece pelos mortos e pelos espíritos sofredores. Instruções dos Espíritos: Modo de orar. Ventura da prece 7

Coletânea de preces espíritas
Preâmbulo 27
I. Preces gerais 29
II. Preces pessoais 44
III. Preces pelos outros 61
IV. Preces pelos Espíritos 71
V. Preces pelos doentes e os obsedados . 85

Prece de Cáritas 95

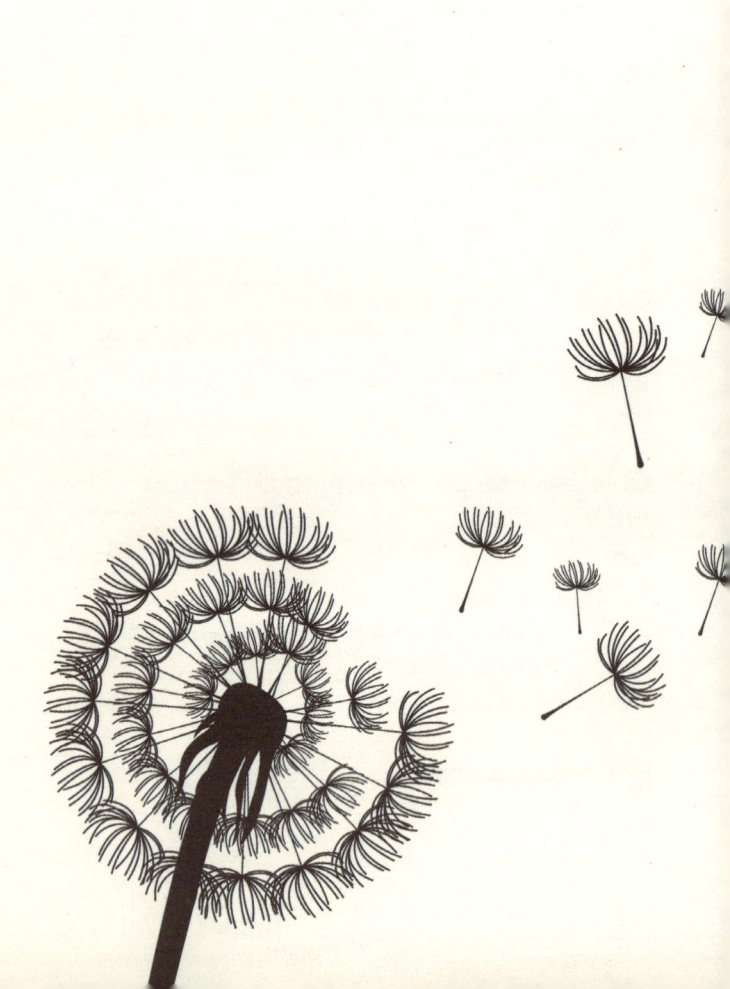

PEDI E OBTEREIS

CONDIÇÕES DA PRECE - EFICÁCIA DA PRECE - AÇÃO DA PRECE - TRANSMISSÃO DO PENSAMENTO - PRECES INTELIGÍVEIS - DA PRECE PELOS MORTOS E PELOS ESPÍRITOS SOFREDORES - INSTRUÇÕES DOS ESPÍRITOS: MODO DE ORAR - VENTURA DA PRECE

CONDIÇÕES DA PRECE

1. E quando orais, não haveis de ser como os hipócritas, que gostam de orar em pé nas sinagogas, e nos cantos das ruas, para serem vistos dos homens; em verdade vos digo, que eles já receberam a sua recompensa. Mas tu, quando orares, entra no teu aposento, e fechada a porta, ora a teu Pai em secreto; e teu Pai, que vê o que se passa em secreto, te dará a paga. E quando orais não faleis muito, como os gentios; pois cuidam que pelo seu muito falar serão ouvidos. Não queirais portanto parecer-vos com eles; porque vosso Pai sabe o que vos é necessário, primeiro que vós lhe peçais. (MATEUS, VI: 5-8).

2. Mas quando vos puserdes em oração, se tendes alguma coisa contra alguém, perdoai-lhe, para que também vosso Pai, que está nos Céus, vos perdoe os vossos pecados. Porque se vós não perdoardes, também vosso Pai, que está nos céus, vos não há de perdoar vossos pecados. (MARCOS, XI: 25-26).

3. E propôs também esta parábola a uns que confiavam em si mesmos, como se fossem justos, e desprezavam os outros: Subiram dois homens ao templo, a fazer oração: um fariseu e outro publicano. O fariseu, posto em pé, orava lá no seu interior desta forma: Graças te dou, meu Deus, porque não sou como os demais homens, que são uns ladrões, uns injustos, uns adúlteros, como é também este publicano; jejuo duas vezes na semana, pago o dízimo de tudo o que tenho. O publicano, pelo contrário, posto lá de longe, não ousava nem ainda levantar os olhos ao céu, mas batia no peito, dizendo: Meu Deus, sê propício a mim, pecador. Digo-vos que este voltou justificado para a sua casa, e não o outro; porque todo o que se exalta será humilhado, e todo o que se humilha será exaltado. (Lucas, XVIII: 9-14).

4. As condições da prece foram claramente definidas por Jesus. Quando orardes, diz ele, não vos coloqueis em evidência, mas orai em secreto. Não fingi orar demasiado, porque não será pelas muitas palavras que sereis atendidos, mas pela sinceridade delas. Antes de orar, se tiverdes qualquer coisa contra alguém, perdoai-a, porque a prece não poderia ser agradável a Deus, se não partisse de um coração purificado de todo sentimento contrário à caridade. Orai, enfim, com humildade, como o publicano, e não com orgulho, como o fariseu. Examinai os vossos defeitos, e não as vossas qualidades, e se vos comparardes aos outros, procurai o que existe de mau em vós. *(Ver cap. X, n- 7 e 8)*.

EFICÁCIA DA PRECE

5. Por isso vos digo: todas as coisas que vós pedirdes orando, crede que as haveis de ter, e que assim vos sucederão. (Marcos, XI: 24).

6. Há pessoas que contestam a eficácia da prece, entendendo que, por conhecer Deus as nossas necessidades, é desnecessário expô-las a Ele. Acrescentam ainda que, tudo se encadeando no universo através de leis eternas, nossos votos não podem modificar os desígnios de Deus.

Há leis naturais e imutáveis, sem dúvida, que Deus não pode anular segundo os caprichos de cada um. Mas daí a acreditar que todas as circunstâncias da vida estejam submetidas à fatalidade, a distância é grande. Se assim fosse, o homem seria apenas um instrumento passivo, sem livre-arbítrio e sem iniciativa. Nessa hipótese, só lhe caberia curvar a fronte ante os golpes do destino, sem procurar evitá-los e não deveria esquivar-se dos perigos. Deus não lhe deu o entendimento e a inteligência para que não os utilizasse, a vontade para não querer, a atividade para cair na inação. O homem sendo livre de agir, num ou outro sentido, seus atos têm, para ele mesmo e para os outros, consequências subordinadas às suas decisões. Em virtude da sua iniciativa, há portanto acontecimentos que escapam, forçosamente, à fatalidade, e que nem por isso destroem a harmonia das leis universais, da mesma maneira que o avanço ou o atraso dos ponteiros de um relógio não destrói a lei do movimento, o que regula o mecanismo do aparelho. Deus pode, pois, atender a certos pedidos sem derrogar a imutabilidade das leis que regem o conjunto, dependendo sempre o atendimento da Sua vontade.

7. Será ilógico concluir-se, desta máxima: "Aquilo que pedirdes pela prece vos será dado", que basta pedir para obter, e injusto acusar a Providência se ela não atender a todos os pedidos que lhe fazem, porque ela sabe melhor do que nós o que nos convém. Assim procede o pai prudente, que recusa ao filho o que lhe seria prejudicial. O homem, geralmente, só vê o presente: mas, se o sofrimento é útil para a sua felicidade futura, Deus o deixará sofrer, como o cirurgião deixa o doente sofrer a operação que deve curá-lo.

O que Deus lhe concederá, se pedir com confiança, é a coragem, a paciência e a resignação. E o que ainda lhe concederá, são os meios de se livrar das dificuldades, com a ajuda da ideia que lhe serão sugeridas pelos Bons Espíritos, de maneira que lhe restará o mérito da ação. Deus assiste aos que se ajudam a si mesmos, segundo a máxima: "Ajuda-te e o céu te ajudará", e não aos que tudo esperam do socorro alheio, sem usar as próprias faculdades. Mas, na maioria da vezes, preferimos ser socorridos por um milagre, sem nada fazermos. *(Ver cap. XXV, nº 1 e segs.).*

8. Tomemos um exemplo. Um homem está perdido num deserto; sofre horrivelmente de sede; sente-se desfalecer e deixa-se cair ao chão. Ora, pedindo a ajuda de Deus, e espera; mas nenhum anjo vem lhe dar de beber. No entanto, um Bom Espírito lhe *sugere* o pensamento de levantar-se e seguir determinada direção. Então, por um impulso instintivo, reúne suas forças, levanta-se e avança ao acaso. Chegando a uma elevação do terreno, descobre ao longe um regato, e com isso a coragem.

Se tiver fé, exclamará: "Graças, meu Deus, pelo pensamento que me inspiraste e pela força que me deste". Se não tiver fé, dirá: "Que boa ideia *tive eu! Que sorte eu tive,* de tomar o caminho da direita e não o da esquerda; o acaso, algumas vezes, nos ajuda de fato! Quanto me felicito pela *minha coragem* e por não me haver deixado abater!"

Mas, perguntarão, por que o Bom Espírito não lhe disse claramente: "Siga este caminho, e no fim encontrarás o que necessitas"? Por que não se mostrou a ele, para guiá-lo e sustentá-lo no seu abatimento? Dessa maneira o teria convencido da intervenção da Providência. Primeiramente, para lhe ensinar que é necessário ajudar-se a si mesmo e usar as próprias forças. Depois, porque, pela incerteza, Deus põe à prova a confiança e a submissão à sua vontade. Esse homem estava na situação da criança que, ao cair, vendo alguém, põe-se a gritar e espera que a levantem; mas, se não vê ninguém, esforça-se e levanta-se sozinha.

Se o anjo que acompanhou a Tobias lhe houvesse dito: "Fui enviado por Deus para te guiar na viagem e te preservar de todo perigo", Tobias não teria nenhum mérito. Foi por isso que o anjo só se deu a conhecer na volta.

AÇÃO DA PRECE.
TRANSMISSÃO DO PENSAMENTO

9. A prece é uma invocação: por ela nos pomos em relação mental com o ser a que nos dirigimos. Ela pode ter por objeto um pedido, um agradecimento ou um louvor. Podemos orar por nós mesmos ou pelos outros, pelos vivos ou pelos mortos. As preces dirigidas a Deus são ouvidas pelos Espíritos encarregados da execução dos seus desígnios; as que são dirigidas aos Bons Espíritos vão também para Deus. Quando oramos para outros seres, e não para Deus, aqueles nos servem apenas de intermediários, de intercessores, porque nada pode ser feito sem a vontade de Deus.

10. O Espiritismo nos faz compreender a ação da prece, ao explicar a forma de transmissão do pensamento, seja quando o ser a quem oramos atende ao nosso apelo, seja quando o nosso pensamento eleva-se a ele. Para se compreender o que ocorre nesse caso, é necessário imaginar todos os seres, encarnados e desencarnados, mergulhados no fluido universal que preenche o espaço, assim como na Terra estamos envolvidos pela atmosfera. Esse fluido é impulsionado pela vontade, pois é o veículo do pensamento, como o ar é o veículo do som, com a diferença de que as vibrações do ar são circunscritas, enquanto as do fluido universal se ampliam ao infinito. Quando, pois, o pensamento se dirige para algum ser, na Terra ou no espaço, de encarnado para desencarnado, ou vice-versa, uma corrente fluídica se estabelece de um a outro, transmitindo o pensamento, como o ar transmite o som.

A energia da corrente está na razão direta da energia do pensamento e da vontade. É assim que a prece é ouvida pelos Espíritos, onde quer que eles se encontrem, assim que os Espíritos se comunicam entre si, que nos transmitem a suas inspirações, e que as relações se estabelecem à distância entre os próprios encarnados.

Esta explicação se dirige sobretudo aos que não compreendem a utilidade da prece puramente mística. Não tem por fim materializar a prece, mas tornar compreensíveis os seus efeitos, ao mostrar que ela pode exercer a ação direta e positiva. Nem por isso está menos sujeita à vontade de Deus, juiz supremo em todas as coisas, e único que pode dar eficácia à sua ação.

11. Pela prece, o homem atrai o concurso dos Bons Espíritos, que o vem sustentar nas suas boas resoluções e inspirar-lhe bons pensamentos. Ele adquire assim a força moral necessária para vencer as dificuldades e voltar ao caminho reto, quando dele se afastou; e assim também pode desviar de si aos males que atrairia pelas suas próprias faltas. Um homem, por exemplo, sente a sua saúde arruinada pelos excessos que cometeu, e arrasta, até o fim dos seus dias, uma vida de sofrimentos. Tem o direito de queixar-se, se não conseguir a cura? Não, porque poderia encontrar na prece a força para resistir às tentações.

12. Se dividirmos os males da vida em duas categorias, sendo uma a dos que o homem não pode evitar, e outra a das atribuições que ele mesmo provoca, por sua incúria e pelos seus excessos *(Ver cap. V, n^s 4)*, veremos que esta última é muito mais numerosa que a primeira. Torna-se pois evidente que o homem é o autor da maioria das suas aflições, e que poderia poupar-se, se agisse sempre com sabedoria e prudência.

É certo, também, que essas misérias resultam das nossas infrações às leis de Deus, e que, se as observássemos rigorosamente, seríamos perfeitamente felizes. Se não ultrapassássemos os limites do necessário, na satisfação das nossas exigências vitais, não sofreríamos as doenças que são provocadas pelos excessos, e as vicissitudes decorrentes dessas doenças. Se limitássemos as nossas ambições, não temeríamos a ruína. Se não quiséssemos subir mais alto do que podemos, não recearíamos a queda. Se fôssemos humildes, não sofreríamos as decepções do orgulho abatido. Se praticássemos a lei de caridade, não seríamos maledicentes, nem invejosos, nem ciumentos, e evitaríamos as querelas e as dissenções. Se não fizéssemos nenhum mal a ninguém, não teríamos de temer as vinganças, e assim por diante.

Admitamos que o homem nada pudesse fazer contra os outros males; que todas as preces fossem inúteis para livrar-se deles; já não seria muito, poder afastar todos os que decorrem da sua própria conduta? Pois bem: neste caso concebe-se facilmente a ação da prece, que tem por fim atrair a inspiração salutar dos Bons Espíritos, pedir-lhes a força necessária para resistirmos aos maus pensamentos, cuja execução pode nos ser funesta. E, para nos atenderem nisto, *não é o mal que eles afastam de nós, mas é a nós que eles afastam do pensamento que nos pode causar o mal; não embaraçam em nada os desígnios de Deus, nem suspendem o curso das leis naturais, mas é a nós que impedem de infringirmos as leis, ao orientarem o nosso livre-arbítrio.* Mas o fazem sem o percebermos, de maneira oculta, para não prejudicarem a nossa vontade. O homem se encontra então na posição de quem solicita bons conselhos e os segue, mas conservando a liberdade de segui-los ou não. Deus quer que assim seja, para que ele tenha a responsabilidade dos seus atos e para lhe deixar o mérito da escolha entre o bem e o mal. É isso o que o homem sempre receberá, se pedir com fervor, e ao que se podem sobretudo aplicar estas palavras: "Pedi e obtereis".

A eficácia da prece, mesmo reduzida a essas proporções, não daria imenso resultado? Estava reservado ao Espiritismo provar a sua ação, pela revelação das relações entre o mundo corpóreo e o mundo espiritual. Mas não se limitam a isso os seus efeitos. A prece é recomendada por todos os Espíritos. Renunciar a ela é ignorar a bondade de Deus; é rejeitar para si mesmo a Sua assistência; e para os outros, o bem que se poderia fazer.

13. Ao atender o pedido que lhe é dirigido, Deus tem frequentemente em vista recompensar a intenção, o devotamento e a fé daquele que ora. Eis porque a prece do homem de bem tem mais merecimento aos olhos de Deus, e sempre maior eficácia. Porque o homem vicioso e mau não pode orar com o fervor e confiança que só o sentimento da verdadeira piedade pode dar. Do coração do egoísta, daquele que só ora com os lábios, não poderia sair mais do que palavras, e nunca os impulsos da caridade, que dão à prece toda a sua força. Compreende-se isso tão bem que, instintivamente, preferimos recomendar-nos às preces daqueles cuja conduta nos parece que deve agradar a Deus, pois que são melhor escutados.

14. Se a prece exerce uma espécie de ação magnética, podemos supor que o seu efeito estivesse subordinado à potência fluídica. Entretanto, não é assim. Desde que os Espíritos exercem esta ação

sobre os homens, eles suprem, quando necessário, a insuficiência daquele que ora, seja através de uma ação direta *em seu nome,* seja ao lhe conferirem momentaneamente uma força excepcional, quando ele for julgado digno desse benefício, ou quando isso possa ser útil.

O homem que não se julga suficientemente bom para exercer uma influência salutar, não deve deixar de orar por outro, por pensar que não é digno de ser ouvido. A consciência de sua inferioridade é uma prova de humildade, sempre agradável a Deus, que leva em conta a sua intenção caridosa. Seu fervor e sua confiança em Deus constituem o primeiro passo do seu retorno ao bem, que os Bons Espíritos se sentem felizes de estimular. A prece que é repelida é a do *orgulhoso, que só tem fé no seu poder e nos seus méritos, e julga poder substituir-se à vontade do Eterno.*

15. O poder da prece está no pensamento, e não depende nem das palavras, nem do lugar, nem do momento em que é feita. Pode-se, pois, orar em qualquer lugar e a qualquer hora, a sós ou em conjunto. A influência do lugar ou do tempo depende das circunstâncias que possam favorecer o recolhimento. *A prece em comum tem ação mais poderosa, quando todos os que a fazem se associam de coração num mesmo pensamento e têm a mesma finalidade,* porque então é como se muitos clamassem juntos e em uníssono. Mas que importaria estarem reunidos em grande número, se cada qual agisse isoladamente e por sua própria conta? Cem pessoas reunidas podem orar como egoístas, enquanto duas ou três, ligadas por uma aspiração comum, orarão como verdadeiros irmãos em Deus, e sua prece terá mais força do que a daquelas cem. *(Ver cap. XXVIII, nº 4 e 5).*

PRECES INTELIGÍVEIS

16. Se eu pois não entender o que significam as palavras, serei um bárbaro para aquele a quem falo; e o que fala, se-lo-á para mim do mesmo modo. Porque se eu orar numa língua estrangeira, verdade é o que meu espírito ora, mas o meu entendimento fica sem fruto. Mas se louvares com o espírito, o que ocupa o lugar do simples povo como dirá Amém sobre a tua bênção, visto não entender ele o que tu dizes? Verdade é que tu dás bem as graças, mas o outro não é edificado. (S. Paulo, I Cor., XIV: 11, 14, 16-17).

17. A prece só tem valor pelo pensamento que a informa. Ora, é impossível ligar um pensamento àquilo que não se compreende, pois o que não se compreende não pode tocar o coração. Para a grande maioria, as preces numa língua desconhecida não passam de mistura de palavras que nada dizem ao espírito. Para que a prece toque o coração é necessário que cada palavra revele uma ideia, e se não a compreendermos, ela não pode revelar nenhuma. Podemos repeti-la como simples fórmula, cuja virtude estará apenas no menor ou maior número das repetições. Muitos oram por dever, alguns, mesmo, para seguir o costume; eis porque eles se julgam quites com o dever, depois de uma prece repetida por certo número de vezes e segundo determinada ordem. Mas Deus lê no íntimo

dos corações; perscruta o nosso pensamento e a nossa sinceridade; e considerá-lo mais sensível à forma do que ao fundo seria rebaixá-lo. *(Ver cap. XXVIII, n° 2).*

DA PRECE PELOS MORTOS E PELOS ESPÍRITOS SOFREDORES

18. Os Espíritos sofredores reclamam preces, e essas lhe são de utilidade, pois ao verem que são lembrados, sentem-se menos abandonados e menos infelizes. Mas a prece tem sobre eles uma ação mais direta: reergue-se a coragem, excita-lhes o desejo de se elevarem, pelo arrependimento e a reparação, e pode desviá-los do pensamento do mal. É nesse sentido que ela pode não somente aliviar, mas abreviar-lhes os sofrimentos. *(Ver* O Céu e o Inferno, *II - parte: Exemplos).*

19. Algumas pessoas não admitem a prece pelos mortos, porque acreditam que a alma só tem uma alternativa: ser salva ou condenada às penas eternas. Num e noutro caso, portanto, a prece seria inútil. Sem discutir o valor dessa crença, admitamos por um instante a realidade das penas eternas e irremissíveis, e que as nossas preces sejam impotentes para interrompê-las. Perguntamos se mesmo com essa hipótese, é lógico, é caridoso, é cristão, recusar a prece pelos réprobos? Essas preces, por mais impotentes que sejam para libertá-los, não serão para eles uma prova de piedade, que poderá minorar-lhes os sofrimentos? Na Terra, quando um homem é condenado à prisão perpétua, mesmo que não haja nenhuma esperança de obter-se a

graça para ele, é proibido a uma pessoa caridosa auxiliá-lo a carregar o peso dos grilhões? Quando alguém está atacado de mal incurável, não havendo portanto nenhuma esperança de cura, deve-se abandoná-lo sem nenhum alívio? Pensai que entre os réprobos pode estar uma pessoa que vos seja cara: um amigo, talvez um pai, a mãe ou um filho, e só porque, segundo julgais, essa criatura não pode ser perdoada, poderíeis recusar-lhe um copo d'água para mitigar a sede, um bálsamo para secar-lhe as feridas? Não faríeis por ela o que faríeis por um prisioneiro? Não lhe daríeis uma prova de amor, uma consolação? Não, isso não seria cristão. Uma crença que endurece o coração não pode conciliar-se com a crença num Deus que coloca, como o primeiro de todos os deveres, o amor do próximo!

Negar a eternidade das penas não implica negar uma penalidade temporária, mesmo porque, na sua justiça, Deus não pode confundir o mal com o bem. Ora, nesse caso, negar a eficácia da prece seria negar a eficácia da consolação, dos estímulos e dos bons conselhos; e isso equivaleria a negar a força que haurimos de assistência moral dos que nos amam.

20. Outros se fundam numa razão mais especial: a imutabilidade dos desígnios divinos. Deus, dizem eles, não pode modificar as suas decisões a pedido das criaturas, pois caso contrário nada seria estável no mundo. O homem nada tem, portanto, de pedir a Deus, cabendo-lhe apenas submeter-se a adorá-lo.

Há nesta ideia uma falsa interpretação da imutabilidade da lei divina, ou melhor, ignorância da lei, no que concerne à penalidade futura. Essa lei é revelada pelos Espíritos do Senhor, hoje que o homem já amadureceu para compreender o que, na lei, é conforme ou contrário aos atributos divinos.

Segundo o dogma da eternidade absoluta das penas, nem os remorsos e o arrependimento são considerados a favor do culpado. Para ele, todo o desejo de melhorar-se é inútil: está condenado a permanecer eternamente no mal. Se foi condenado, entretanto, por um determinado tempo, a pena cessará no fim do prazo. Mas quem pode afirmar que ele terá então melhorado os seus sentimentos? Quem dirá que, a exemplo de muitos condenados da Terra, ao sair da prisão, ele não será tão mau quanto antes? No primeiro caso, seria manter sob a dor do castigo um homem que se tornara bom; no segundo, seria agraciar àquele que continua culpado. A lei de Deus é mais previdente: sempre justa, equitativa e misericordiosa, não fixa nenhuma duração para a pena, qualquer que seja. Ela se resume assim:

21. "O homem sofre sempre a consequência das suas faltas; não há uma única infração à lei de Deus, que não tenha a sua punição".

"A severidade do castigo é proporcional à gravidade da falta".

"A duração do castigo, para qualquer falta, é *indeterminada, pois fica subordinada ao arrependimento do culpado e ao seu retorno ao bem;* assim, a pena dura tanto quanto a obstinação do mal; seria perpétua, se a obstinação o fosse: é de curta duração, se o arrependimento vier logo".

"Desde que o culpado clame por misericórdia, Deus o ouve e lhe concede a esperança. Mas o simples remorso não basta: é necessária a reparação da falta. É por isso que o culpado se vê submetido a novas provas, nas quais ele pode, sempre pela sua própria vontade, fazer o bem para a reparação do mal anteriormente praticado".

"O homem é assim o árbitro constante da sua própria sorte.

Ele pode abreviar o seu suplício ou prolongá-lo indefinidamente. Sua felicidade ou sua desgraça dependem da sua vontade de fazer o bem".

Essa é a lei; lei *imutável* e conforme a bondade e a justiça de Deus.

O Espírito culpado e infeliz, dessa maneira, pode sempre salvar-se a si mesmo: a lei de Deus lhe diz sob quais condições ele pode fazê-lo. O que geralmente lhe falta é a vontade, a força e a coragem. Se, pelas nossas preces, lhe inspiramos essa vontade, se o amparamos e encorajamos; se, pelos nossos conselhos, lhe damos as luzes que lhe faltam, *em vez de solicitar a Deus que derrogue a sua lei, tornamo-nos instrumentos da execução dessa lei de amor e caridade,* da qual ele assim nos permite participar, para darmos nós mesmos uma prova de caridade. *(Ver* O Céu e o Inferno, Iª *parte, caps. IV, VII e VIII).*

INSTRUÇÕES DOS ESPÍRITOS

MODO DE ORAR

• **V. Monod** •
Bordeaux, 1862

22. O primeiro dever de toda criatura humana, o primeiro ato que deve assinalar o seu retorno à atividade diária, é a prece. Vós orais, quase todos, mas quão poucos sabem realmente orar! Que importam ao Senhor as frases que ligais maquinalmente uma às outras, porque já vos habituastes a repeti-las, porque é um dever que tendes de cumprir, e que vos pesa, como todo o dever?

A prece do cristão, do Espírita, principalmente, de qualquer culto que seja[1], deve ser feita no momento em que o Espírito retoma o jugo da carne, e deve elevar-se com humildade aos pés da Majestade Divina, mas também com profundeza, num impulso de reconhecimento por todos os benefícios recebidos até esse dia. E de agradecimento, ainda, pela noite transcorrida, durante a qual lhe foi permitido, embora não guarde a lembrança, retornar junto aos amigos e aos guias, para nesse contato haurir novas forças e mais perseverança. Deve elevar-se humilde aos pés do Senhor, pedindo pela sua fraqueza, suplicando o seu amparo, a sua indulgência, a sua misericórdia. E deve ser profunda, porque é a vossa alma que deve elevar-se ao Criador, e que deve transfigurar-se, como Jesus no Tabor, para chegar até Ele, branca e radiante de esperança e de amor.

Vossa prece deve encerrar o pedido das graças de que necessitais, mas de que necessitais realmente. Inútil, portanto, pedir ao Senhor que abrevie as vossas provas, o que vos dê alegrias e riquezas. Pedi-lhe antes os bens mais preciosos da paciência, da resignação e da fé. Evitai dizer, como o fazem muitos dentre vós: "Não vale a pena orar, porque Deus não me atende". O que pedis a Deus,

---

[1] Nos primeiros tempos, os adeptos do Espiritismo ainda permaneciam muitas vezes ligados às igrejas de que provinham. O mesmo aconteceu também com o Cristianismo dos primeiros tempos. (N. do T.)

na maioria das vezes? Já vos lembrastes de pedir a vossa melhoria moral? Oh, não, tão poucas vezes! O que vos lembrais de pedir é *o sucesso para os vossos empreendimentos terrenos*, e depois exclamais: "Deus não se preocupa conosco; se o fizesse, não haveria tantas injustiças!" Insensatos, ingratos! Se mergulhásseis no fundo da vossa consciência, quase sempre ali encontraríeis o motivo dos males de que vos queixais. Pedi, pois, antes de tudo, para vos tornardes melhores, e vereis que torrentes de graças e consolações se derramarão sobre vós! *(Ver cap. V, nº 4).*

Deveis orar incessantemente, sem para isso procurardes o vosso oratório ou cairdes de joelhos nas praças públicas. A prece diária é o próprio cumprimento dos vossos deveres, mas dos vossos deveres sem exceção, de qualquer natureza que sejam. Não é um ato de amor para com o Senhor assistirdes os vossos irmãos numa necessidade qualquer, moral ou física? Não é um ato de reconhecimento a elevação do vosso pensamento a Ele, quando uma felicidade vos chega, quando evitais um acidente, ou mesmo quando uma simples contrariedade vos aflora à alma, e dizeis mentalmente: "Seja bendito o Senhor!"? Não é um ato de contrição, quando sentis que falistes, dizerdes humilde para o Supremo Juiz, mesmo que seja num rápido pensamento: *"Perdoai-me Deus meu, pois que pequei (por orgulho, por egoísmo ou por falta de caridade); dai-me a força de não tomar a falir, e a coragem de reparar a minha falta"*?

Isto independe das preces regulares da manhã e da noite, e dos dias consagrados, pois, como vedes a prece pode ser de todos os instantes, sem interromper os vossos afazeres; e até, pelo contrário, assim feita, ela os santifica. E não duvideis de que um só desses pensamentos, partindo do coração, é mais ouvido por vosso Pai celestial do que as longas preces repetidas por hábito, quase sempre sem um motivo imediato, *apenas porque a hora convencional maquinalmente vos chama.*

VENTURA DA PRECE

• Santo Agostinho •
Paris, 1861

23. Vinde, todos vós que desejais crer. Acorrem os Espíritos celestes, e vêm anunciar-vos grandes coisas! Deus, meus filhos, abre os seus tesouros, para vos distribuir os seus benefícios. Homens incrédulos! Se soubésseis como a fé beneficia o coração, e leva a alma ao arrependimento e à prece! A prece. Ah! Como são tocantes as palavras que se desprendem dos lábios na hora da prece! Porque a prece é o orvalho divino, que suaviza o excessivo calor das paixões. Filha predileta da fé, leva-nos ao caminho que conduz a Deus. No recolhimento e na solidão, encontrai-vos com Deus; e para vós o mistério se desfaz, porque Ele se revela. Apóstolos do pensamento, a verdadeira vida se abre para vós! Vossa alma se liberta da matéria e se lança pelos mundos infinitos e etéreos, que a pobre Humanidade desconhece.

Marchai, marchai, pelos caminhos da prece, e ouvireis a voz dos Anjos! Que harmonia! Não são mais os ruídos confusos e as vozes gritantes da Terra. São as liras dos Arcanjos, as vozes doces e meigas dos Serafins, mais leves que as brisas da manhã, quando brincam nas ramagens dos vossos arvoredos. Com que alegria então marchais! Vossa linguagem terrena não poderá exprimir jamais essa ventura, que vos impregna por todos os poros, tão viva e refrescante é a fonte em que bebemos através da prece! Doces vozes, inebriantes perfumes, que a alma ouve e aspira, quando se lança, pela prece, a essas esferas desconhecidas e habitadas! São divinas todas as aspirações, quando livres dos desejos carnais. Vós também, como o Cristo, orai, carregando a vossa cruz para o Gólgota, para o vosso Calvário. Levai-a, e sentireis as doces emoções que lhe passavam pela alma, embora carregasse o madeiro infamante. Sim, porque ele ia morrer, mas para viver a vida celestial, na morada do Pai!

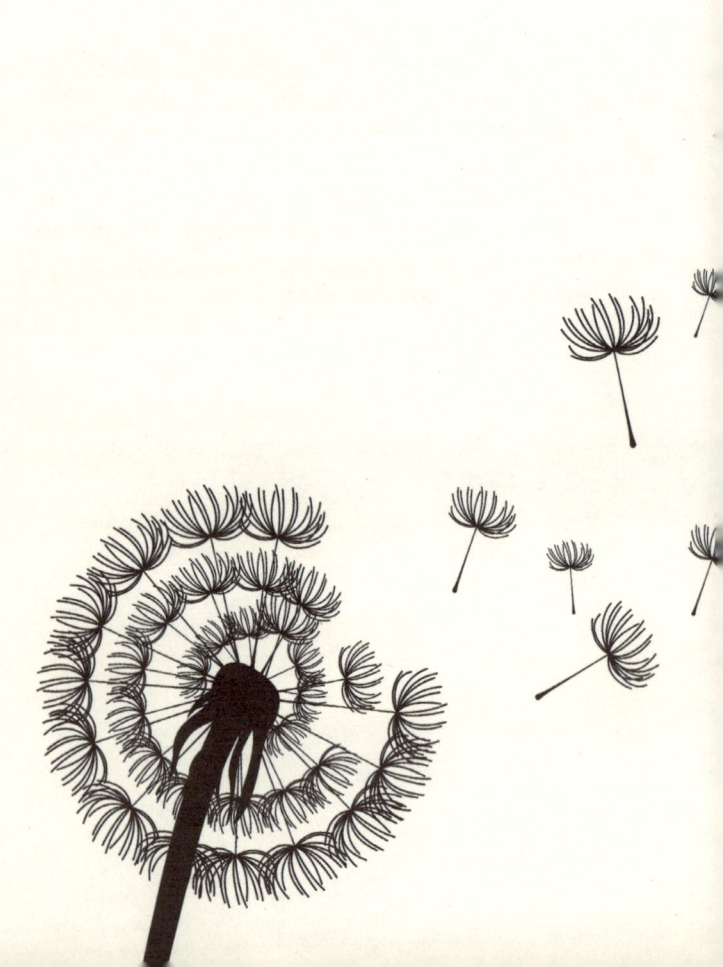

COLETÂNEA DE PRECES ESPÍRITAS

PREÂMBULO

1. Os Espíritos sempre disseram: "A forma não é nada, o pensamento é tudo. Faça cada qual a sua prece de acordo com as suas convicções, e de maneira que mais lhe agrade, pois um bom pensamento vale mais do que numerosas palavras que não tocam o coração."

Os Espíritos não prescrevem nenhuma fórmula absoluta de preces, e quando nos dão alguma, é para orientar as nossas ideias, e sobretudo para chamar a nossa atenção sobre certos princípios da doutrina espírita. Ou ainda com o fim de ajudar as pessoas que sentem dificuldades em exprimir suas ideias, pois estas não consideram haver realmente orado, se não formularam bem os seus pensamentos.

A coletânea de preces deste capítulo é uma seleção das que os Espíritos ditaram em várias ocasiões. Podem ter ditados outras, em termos diferentes, apropriadas a diversas ideias e ou a casos especiais. A finalidade da prece é levar nossa alma a Deus. A diversidade das fórmulas não devem estabelecer nenhuma diferença entre os que Nele creem, e menos ainda entre os adeptos do Espiritismo, porque Deus aceita a todas, quando sinceras.

Não se deve considerar, portanto, esta coletânea, como um formulário absoluto, mas como uma variante das instruções dos Espíritos. É uma forma de aplicação dos princípios da moral evangélica desenvolvidos neste livro, um complemento dos seus ditados sobre os nossos deveres para com Deus e o próximo, e no qual são relembrados todos os princípios da doutrina.

O Espiritismo reconhece como boas as preces de todos os cultos, desde que sejam ditas de coração, e não apenas com os lábios. Não impõe nem condena nenhuma. Deus é sumamente grande, segundo o Espiritismo, para repelir a voz que implora ou que canta louvores, somente por não o fazer desta ou daquela maneira. *Quem quer que condene as preces que não constem do seu formulário, demonstra desconhecer a grandeza de Deus.* Acreditar que Deus se apegue a determinada fórmula, é atribuir-lhe a pequenez e as paixões humanas.

Uma das condições essenciais da prece, segundo São Paulo *(Cap. XXVII, n° 16)* é a de ser inteligível, para que possa tocar o nosso espírito. Para isso, entretanto, não basta que ela seja proferida na língua habitual, pois há preces que, embora em termos populares, não dizem mais à nossa inteligência do que as de uma língua estranha, e por isso mesmo não nos tocam o coração. As poucas ideias que encerram são em geral sufocadas pela superabundância das palavras e o misticismo da linguagem.

A principal qualidade da prece é a clareza. Ela deve ser simples e concisa, sem fraseologia inútil ou excesso de adjetivação, que não passam de meros ouropéis. Cada palavra deve ter o seu valor, exprimir uma ideia, tocar uma fibra da alma. Enfim: deve levar à reflexão. E somente assim pode atingir o seu objetivo, pois, de outro modo *não passa de palavrório*. Veja-se, entretanto, com que distração e volubilidade elas são proferidas, na maioria das vezes. Percebemos que os lábios se agitam, mas, pela expressão fisionômica e pela própria voz, percebe-se que é um ato maquinal, puramente exterior, de que a alma não participa.

As preces aqui reunidas dividem-se em cinco categorias:

1ª) Preces gerais; 2ª) Preces pessoais; 3ª) Preces pelos outros; 4ª) Preces pelos Espíritos; 5ª) Preces pelos doentes e obsedados.

Com o fim de chamar mais particularmente a atenção para o objetivo de cada prece, e tornar mais compreensível o seu sentido, elas são precedidas de uma instrução preliminar, espécie de exposição de motivos, intitulada *prefácio.*

I. PRECES GERAIS
ORAÇÃO DOMINICAL

2. Prefácio - Os Espíritos recomendaram que abríssemos esta coletânea com a Oração Dominical, não somente como prece, mas também como símbolo. De todas as preces, é a que eles consideram em primeiro lugar, seja porque nos vem do próprio Jesus (MATEUS, VI: 9-13), seja porque ela pode substituir a todas as outras, conforme a intenção que se lhe atribua. É o mais perfeito modelo de concisão, verdadeira obra-prima de sublimidade, na sua simplicidade. Com efeito, sob a forma mais reduzida, ela consegue resumir todos os deveres do homem para com Deus, para consigo mesmo e para com o próximo. Encerra ainda uma profissão de fé, um ato de adoração e submissão, o pedido das coisas necessárias à vida terrena e o princípio da caridade. Dizê-la em intenção de alguém, é pedir para outro o que desejamos para nós mesmos.

Entretanto, em razão mesmo da sua brevidade, o sentido profundo que algumas das suas palavras encerram escapa à maioria. Isso porque geralmente a proferem sem pensar no sentido de cada uma de suas frases. Proferem-na como uma fórmula, cuja eficácia é proporcional ao número de vezes que for repetida. Esse número é quase sempre cabalístico: o três, o sete ou o nove, em virtude da antiga crença supersticiosa no poder dos números, e do seu uso nas práticas de magia.

Para preencher o vazio que a concisão desta prece nos deixa, ajuntamos a cada uma de suas proposições, segundo o conselho e com a assistência dos Bons Espíritos, um comentário que lhes esclarece o sentido e as aplicações. De acordo com as circunstâncias e o tempo de que se disponha, pode-se pois dizer a Oração Dominical em sua forma simples ou desenvolvida.

3.1 - Pai nosso, que estais no céu, santificado seja o vosso nome!

Cremos em vós, Senhor, porque tudo nos revela o vosso poder e a vossa bondade. A harmonia do Universo é a prova de uma sabedoria, de uma prudência, e de uma previdência que ultrapassam todas as faculdades humanas. O nome de um Ser soberanamente grande e sábio está inscrito em todas as obras da criação, desde a relva humilde e do menor inseto, até os astros que se movem no espaço. Por toda parte, vemos a prova de uma solicitude paternal. Cego, pois, é aquele que não vos glorifica nas vossas obras, orgulhoso aquele que não vos louva, e ingrato aquele que não vos rende graças.

II - Venha a nós o vosso Reino!

Senhor, destes aos homens leis plenas de sabedoria, que os fariam felizes, se eles as observassem. Com essas leis, poderiam estabelecer a paz e a justiça, e poderiam ajudar-se mutuamente, em vez de mutuamente se prejudicarem, como o fazem. O forte ampararia o fraco, em vez de esmagá-lo. Evitados seriam os males que nascem dos abusos e dos excessos de toda espécie. Todas as misérias deste mundo decorrem da violação das vossas leis, porque não há uma única infração que não traga suas consequências fatais.

Destes ao animal o instinto que lhe traça os limites do necessário, e ele naturalmente se conforma com isso. Mas ao homem, além do instinto, destes a inteligência e a razão. E lhe destes ainda a liberdade de observar ou violar aquelas das vossas leis que pessoalmente lhe concernem, ou seja, a faculdade de escolher entre o bem e o mal, para que ele tenha o mérito e a responsabilidade dos seus atos.

Ninguém pode pretextar ignorância das vossas leis, porque, na vossa paternal providência, quisestes que elas fossem gravadas na consciência de cada um, sem nenhuma distinção de cultos ou de nacionalidades. Assim, aqueles que as violam, é porque vos desprezam.

Chegará o dia em que, segundo a vossa promessa, todos as praticarão. Então a incredulidade terá desaparecido, todos vos reconhecerão como o

Soberano Senhor de todas as coisas, e o primado de vossas leis estabelecerá o vosso reino na Terra.

Dignai-vos, Senhor, de apressar o seu advento, dando aos homens a luz necessária para se conduzirem no caminho da verdade!

III - Seja feita a vossa vontade, assim na Terra como no céu!

Se a submissão é um dever do filho para com o pai, do inferior para com o superior, quanto maior não será a da criatura para com o seu Criador! Fazer a Vossa vontade, Senhor, é observar as Vossas leis e submeter-se sem lamentações aos Vossos desígnios divinos. O homem se tornará submisso, quando compreender que Sois a fonte de toda a sabedoria, e que sem Vós ele nada pode. Fará então a Vossa vontade na Terra, como os eleitos a fazem no céu.

IV - O pão nosso, de cada dia, dai-nos hoje!

Dai-nos o alimento necessário à manutenção das forças físicas, e dai-nos também o alimento espiritual, para o desenvolvimento do nosso espírito.

O animal encontra a sua pastagem, mas o homem deve o seu alimento à sua própria atividade e aos recursos da sua inteligência, porque o criastes livre.

Vós lhe dissestes: "Amassarás o teu pão com o suor do teu rosto", e com isso fizestes do trabalho uma obrigação, que o leva a exercitar a sua inteligência na procura dos meios de prover às suas necessidades e atender ao seu bem-estar: uns pelo trabalho material, outros pelo trabalho intelectual. Sem o trabalho, ele permaneceria estacionário e não poderia aspirar à felicidade dos Espíritos Superiores.

Assistis ao homem de boa vontade, que em Vós

confia para o necessário, mas não àquele que se compraz na ociosidade e gostaria de tudo obter sem esforço, nem ao que busca o supérfluo. *(Cap. XXV).*

Quantos há que sucumbem por sua própria culpa, pela sua incúria, pela sua imprevidência ou pela sua ambição, por não tererm querido contentar-se com o que lhes destes! São esses os artífices do próprio infortúnio, e não têm o direito de queixar-se, pois são punidos naquilo mesmo em que pecaram. Mas mesmo a eles não abandonais, porque Sois infinitamente misericordioso, e lhes estendeis a mão providencial, desde que, como filho pródigo, retornem sinceramente para Vós. *(Cap. V, nº 4).*

Antes de nos lamentarmos de nossa sorte, perguntemos se ela é a nossa própria obra; a cada desgraça que nos atinja, verifiquemos se não poderíamos tê-la evitado; repitamos a nós mesmos que Deus nos deu a inteligência para sairmos do atoleiro, e que de nós depende aplicá-la bem. Desde que a lei do trabalho condiciona a vida do homem na Terra, dai-nos a coragem e a força de cumpri-la: dai-nos também a prudência e a moderação, a fim de não pormos a perder os seus frutos.

Dai-nos pois, Senhor, o pão nosso de cada dia, ou seja, os meios de adquirir pelo trabalho as coisas necessárias, pois ninguém tem o direito de reclamar o supérfluo.

Se estivermos impossibilitados de trabalhar, que confiemos na Vossa divina providência.

Se estiver nos Vossos desígnios provar-nos com as mais duras privações, não obstante os nossos esforços, aceitamo-lo como uma justa expiação das faltas que tivermos podido cometer nesta vida ou numa vida anterior, porque sabemos que sois justo, e que não há penas imerecidas, pois jamais castigais sem causa.

Preservai-nos, oh! Senhor, de conceber a inveja contra os que possuem aquilo que não temos, ou mesmo contra os que dispõe do supérfluo, quando nos falta o necessário. Perdoai-lhes, se esquecem a lei de caridade e de amor ao próximo, que lhes ensinastes. *(Cap. XVI, nº8).*

Afastai ainda do nosso espírito a ideia de negar a Vossa justiça, ao ver a prosperidade do mau e a infelicidade que abate às vezes o homem de bem. Pois já sabemos, graças às novas luzes que ainda nos destes, que a Vossa justiça sempre se cumpre e não faz exceção de ninguém; que a prosperidade material do maldoso é tão efêmera como a sua existência corporal, acarretando-lhe terríveis revezes, enquanto será eterno o júbilo daquele que sofre com resignação. *(Cap. V, nºs 7, 9, 12 e 18).*

V - Perdoai as nossas dívidas, assim como nós perdoamos os nossos devedores.

Cada uma das nossas infrações às Vossas leis, Senhor, é uma ofensa que Vos fazemos, e uma dívida contraída, que cedo ou tarde teremos de pagar. Solicitamos à Vossa infinita misericórdia a sua remissão, sob a promessa de empregarmos os nossos esforços em não contrair outras.

Fizestes da caridade, para todos nós, uma lei expressa; mas a caridade não consiste unicamente em assistirmos os nossos semelhantes nas suas necessidades, pois consiste ainda no esquecimento e no perdão das ofensas. Com que direito reclamaríamos a Vossa indulgência, se faltamos com ela para aqueles de que nos queixamos?

Dai-nos, Senhor, a força de sufocar em nosso íntimo todo ressentimento, todo ódio e todo rancor. *Fazei que a morte não nos surpreenda com nenhum desejo de vingança no coração.* Se Vos aprouver retirar-nos hoje mesmo deste mundo, fazei que possamos nos apresentar a Vós inteiramente limpos de animosidade, a exemplo do Cristo, cujas últimas palavras foram em favor dos seus algozes. *(Cap. X).*

As perseguições que os maus nos fazem sofrer são parte das nossas provas terrenas; devemos aceitá-las sem murmurar, como todas as outras provas, sem maldizer os que, com as suas perversidades, nos abrem o caminho da felicidade eterna, pois Vós nos dissestes, nas palavras de Jesus: "Bem-aventurados os que sofrem pela justiça!" Abençoemos, pois, a mão que nos fere e nos humilha, porque as mortificações do corpo nos fortalecem a alma, e seremos levantados da nossa humildade. *(Cap. XII, nº 4).*

Bendito seja o Vosso nome, Senhor, por nos haverdes ensinado que a nossa sorte não está irrevogavelmente fixada após a morte; que encontraremos, em outras existências, os meios de resgatar e reparar as nossas faltas passadas, e de realizar numa nova vida aquilo que nesta não pudemos fazer, para o nosso adiantamento. *(Cap. IV; cap. V, nº 5).*

Assim se explicam, enfim, todas as aparentes anomalias da vida: a luz é lançada sobre o nosso passado e o nosso futuro, como um sinal resplendente da Vossa soberana justiça e da Vossa infinita bondade.

VI - Não nos deixeis cair em tentação, mas livrai-nos do mal.[1]

---

[1] Algumas traduções trazem: "Não nos Induzais à tentação" (et ne nos inducas in tentationem), mas essa forma daria a entender que a tentação vem de Deus, que impeliria voluntariamente

Dai-nos, Senhor, a força de resistir às sugestões dos maus espíritos, que tentarão desviar-nos da senda do bem, inspirando-nos maus pensamentos.

Mas nós somos, nós mesmos, Espíritos imperfeitos, encarnados na Terra para expiar nossas faltas e nos melhorarmos. A causa do mal está em nós próprios, e os maus Espíritos apenas se aproveitam de nossas tendências viciosas, nas quais nos entretêm, para nos tentarem.

Cada imperfeição é uma porta aberta às suas influências, enquanto eles são impotentes e renunciam a qualquer tentativa contra os seres perfeitos. Tudo o que possamos fazer para afastá-los será inútil, se não lhes opusermos uma vontade inquebrantável na prática do bem, com absoluta renúncia ao mal. É, pois, contra nós mesmos que devemos dirigir os nossos esforços, e então os maus Espíritos se afastarão naturalmente, porque o mal é o que os atrai, enquanto o bem os repele. *(Ver adiante: Preces pelos obsedados).*

Senhor, amparai-nos em nossa fraqueza, inspirai-nos, pela voz dos nossos anjos-guardiães e dos Bons Espíritos, a vontade de corrigirmos a nossas imperfeições, a fim de fecharmos a nossa alma ao acesso dos Espíritos impuros. *(Ver adiante: nº 11).*

O mal não é, portanto, Vossa obra, Senhor, porque a fonte de todo o bem não pode engendrar nenhum mal. Somos nós mesmos que o criamos, ao infringir as Vossas leis, e pelo mau uso que fazemos

---

os homens ao mal, pensamento evidentemente blasfemo, que assemelharia Deus a Satanás, e não pode ter sido o de Jesus. Ela está, por sinal, de acordo como a doutrina vulgar sobre o papel dos demônios. (Ver O Céu e o Inferno, cap. X, "Os Demônios")

da liberdade que nos concedestes. Quando os homens observarem as Vossas leis, o mal desaparecerá da Terra, como já desapareceu dos mundos mais adiantados.

Não existe para ninguém a fatalidade do mal, que só parece irresistível para aqueles que nele se comprazem. Se temos vontade de fazê-lo, também poderemos ter a de fazer o bem. E é por isso oh! Senhor, que solicitamos a vossa assistência e a dos Bons Espíritos, para resistirmos à tentação.

VII - Assim seja!

Que Vos apraza, Senhor, a realização dos nossos desejos! Inclinamo-nos, porém, diante da Vossa infinita sabedoria. Em todas as coisas que não nos é dado compreender, que sejam feitas segundo a Vossa santa vontade e não segundo a nossa, porque vós só quereis o nosso bem, e sabeis melhor do que nós o que nos convém.

Nós vos dirigimos esta prece, Senhor, por nós mesmos, mas também por todas as criaturas sofredoras, encarnadas e desencarnadas, por nossos amigos e por nossos inimigos, por todos os que reclamam a nossa assistência, e em particular por *Fulano*. Suplicamos para todos a Vossa misericórdia e a Vossa bênção. *(NOTA: Aqui podem ser feitos os agradecimentos a Deus pelas graças concedidas, e formulados os pedidos que se queiram, para si mesmo e para os outros. - Ver adiante: preces nºs 26 e 27).*

REUNIÕES ESPÍRITAS

4. Porque onde se acham dois ou três congregados em meu nome, aí estou eu no meio deles. (MATEUS, XVIII: 20).

5. Prefácio - Para estarem reunidos em nome de Jesus, não basta a presença material, pois é necessário que o estejam espiritualmente, pela comunhão de intenções e de pensamentos, voltados para o bem. Então Jesus se encontra no meio da reunião, Ele ou os Espíritos puros que o representam. O Espiritismo nos faz compreender de que maneira os Espíritos podem estar entre nós. É graças ao seu corpo fluídico ou espiritual, e com a aparência que nos permitiria reconhecê-los, caso se tornassem visíveis. Quanto mais elevados na hierarquia, maior é o seu poder de irradiação, de maneira que, possuindo o dom de ubiquidade, podem estar simultaneamente em muitos lugares: para tanto, basta a emissão de um raio de seu pensamento.

Com essas palavras, Jesus quis mostrar o efeito da união e da fraternidade. Não é o maior ou menor número que atrai os Espíritos, pois se assim fosse, Ele podia ter dito, em vez de duas ou três pessoas, dez ou vinte, mas o sentimento de caridade que as anima reciprocamente. Ora, para isso, bastam duas pessoas, mas se essas duas orarem separadas, mesmo que se dirijam a Jesus, não há entre elas comunhão de pensamentos, sobretudo se não estão movidas por um sentimento de mútua benevolência. Se estiverem, então, animadas de mútua prevenção, com ódio, inveja ou ciúme, as correntes fluídicas de seus pensamentos se repelem, em vez de se unirem por um comum impulso de simpatia, e então *elas não estão reunidas em nome de Jesus.* Nesse caso, Jesus será apenas o pretexto da reunião, e não o seu verdadeiro motivo. *(Cap. XXVII, nº 9).*

Isso não quer dizer que Jesus não ouça uma

pessoa só. Se ele não disse: "Atenderei a qualquer que me chame", é porque exige, antes de tudo, o amor do próximo, do qual se podem dar maiores provas em conjunto do que isoladamente, e porque todo sentimento pessoal o nega. Segue-se que, numa reunião numerosa, se duas ou três pessoas se ligassem pelo coração, num sentimento de verdadeira caridade, enquanto as outras permanecessem isoladas e concentradas em ideias egoístas ou mundanas, Jesus estaria com as primeiras e não com as demais. Não é, portanto, a simultaneidade das palavras, dos cânticos ou dos atos exteriores, que constitui a reunião em nome de Jesus, mas a comunhão de pensamentos, segundo o espírito da caridade por ele personificado. *(Caps. X: n°s 7 e 8; e XXVII: 2 a 4).*

Esse deve ser o caráter das reuniões espíritas sérias, em que sinceramente se deseja o concurso dos Bons Espíritos.

6. Prece (Para o começo da reunião).

Rogamos ao Senhor Deus Todo-Poderoso enviar-nos Bons Espíritos para nos assistirem, afastar aqueles que possam induzir-nos ao erro, e dar-nos a luz necessária para distinguirmos a verdade da impostura. Afastai também os Espíritos malfazejos, encarnados ou desencarnados, que poderiam tentar lançar a desunião entre nós, e com isso desviar-nos da caridade e do amor do próximo. Se alguns procurarem penetrar neste recinto, fazei que não encontrem acesso em nossos corações. Bons Espíritos, que vos dignais vir instruir-nos, tornai-nos dóceis aos vossos conselhos, afastai-nos de todo pensamento egoísta, ou de orgulho, de inveja e de ciúmes; inspira-nos a indulgência e a benevolência para com os nossos semelhantes presentes ou ausentes, amigos ou inimigos; fazei, enfim, que pelos sentimentos que nos animarem, possamos reconhecer a vossa salutar influência. Dai aos médiuns, que encarregardes de nos transmitir os vossos ensinamentos, a consciência da santidade do mandato que lhes é confiado e da gravidade do ato que vão praticar, a fim de que o façam com o fervor e o recolhimento necessários. Se estiverem entre nós pessoas que foram atraídas por outros sentimentos, que não o do bem, abri os seus olhos à luz, e perdoai-as, como nós as perdoamos, se vieram com intenções malfazejas. Pedimos especialmente ao espírito de..., nosso guia espiritual, para nos assistir e velar por nós.

7. Prece (Para o fim da reunião).

Agradecemos aos Bons Espíritos que vieram comunicar-se conosco, pedimos que nos ajudem a por em prática as instruções que nos deram, e façam que cada um de nós, ao sair daqui, esteja fortificado na prática do bem e do amor ao próximo. Desejamos igualmente que essas lições sejam proveitosas para os Espíritos sofredores, ignorantes ou viciosos, que puderam assistir a esta reunião, e para os quais suplicamos a misericórdia de Deus.

8. E acontecerá nos últimos dias, diz o Senhor, que Eu derramarei do meu Espírito sobre toda a carne, e profetizarão os vossos filhos, e vossas filhas, e os vossos mancebos verão visões, e os vossos anciãos sonharão sonhos. E certamente naqueles dias derramarei do meu Espírito sobre os meus servos e sobre minhas servas, e profetizarão. (Atos, II; 17-18).

9. Prefácio - Quis o Senhor que a luz se fizesse para todos os homens, e que a voz dos Espíritos penetrasse por toda a parte, a fim de que cada um pudesse obter a prova da imortalidade. É com esse objetivo que os Espíritos se manifestam hoje por toda a Terra, e que a mediuni- dade, revelando-se entre as pessoas de todas as idades e de todas as condições, entre homens e mulheres, crianças e velhos, constitui um sinal de que os tempos chegaram. Para conhecer as coisas do mundo visível e descobrir os segredos da natureza material, Deus concedeu aos homens a vista física, os sentidos corporais e os instrumentos especiais. Com o telescópio, ele mergulha o seu olhar nas profundidades do espaço, e com o microscópio descobriu o mundo dos infinitamente pequenos. Para penetrar o mundo invisível, deu-lhe a mediunidade. Os médiuns são os intérpretes do ensino dos Espíritos, ou melhor, *são os instrumentos materiais pelos quais os Espíritos se exprimem, nas suas comunicações com os homens.* Sua missão é sagrada, porque tem por fim abrir-lhes os horizontes da vida eterna.

Os Espíritos vêm instruir o homem sobre o seu futuro, para conduzi-lo ao caminho do bem e não para poupar-lhe o trabalho material que lhe cabe neste mundo, para o seu próprio adiantamento, nem para favorecer as suas ambições e a sua cupidez. Eis do que os médiuns devem compenetrar-se bem, para não fazerem mau uso de suas faculdades. Aquele que compreende a gravidade do mandato de que se acha investido, cumpre-o religiosamente. Sua consciência o condenaria como por um ato sacrílego, se transformasse em divertimento e distração, *para si mesmo e para os outros,* as faculdades que lhe foram dadas com uma finalidade séria, pondo-o em relação com os seres do outro mundo. Como intérpretes do ensinamento dos Espíritos, os médiuns devem desempenhar um papel importante na transformação moral que se opera. Os serviços que podem prestar estão na razão da boa orientação que derem às suas faculdades, pois os que seguem o mau caminho são mais prejudiciais do que úteis à causa do Espiritismo; pelas más impressões que produzem retardam mais de uma conversão. Eis porque terão de prestar contas do uso que fizeram das faculdades que lhes foram dadas para o bem dos seus semelhantes.

O médium que não quer perder a assistência dos Bons Espíritos, deve trabalhar pela sua própria melhoria. O que deseja que a sua faculdade se engrandeça e desenvolva, deve engrandecer-se moralmente, abstendo-se de tudo o que possa desviá-la da sua finalidade providencial. Se os Bons Espíritos às vezes se servem de instrumentos imperfeitos, é para bem aconselhá-los e procurar levá-los ao bem; mas se encontram corações endurecidos, e se os seus conselhos não são ouvidos, retiram-se, e os maus têm então o campo livre. *(Cap. XXIV, nº 11 e 12).* A experiência demonstra que, entre os que não aproveitam os conselhos dos Bons Espíritos, as comunicações, após haverem alguns clarões, durante certo tempo, acabam por cair no erro, na verbosidade vazia e no ridiculo, sinal incontestável do afastamento dos Bons Espíritos.

Obter a assistência dos Bons Espíritos e livrar-se dos Espíritos levianos e mentirosos, deve ser o objetivo dos esforços constantes de todos os médiuns sérios. Sem isso a mediunidade é uma faculdade estéril, que pode mesmo reverter em prejuízo daquele que a possui, degenerando em obsessão perigosa. O médium que compreende o seu dever, em vez de orgulhar-se de uma faculdade que não lhe pertence, desde que pode ser retirada, atribui a Deus o que de bom consegue obter. Se as suas comunicações merecem elogios, ele não se envaidece com isso, por saber que eles independem do seu método pessoal, e agradece a Deus haver permitido que os Bons Espíritos se manifestassem através dele. Se dão motivo a críticas, não se ofende por isso, pois sabe que elas não foram produzidas por ele. Pelo contrário, reconhece não ter sido um bom instrumento e que não possui todas as qualidades necessárias para impedir a intromissão dos maus Espíritos. Trata, então, de adquirir essas qualidades, e pede, pela prece, a força que lhe falta.

10. Prece - Deus Todo-Poderoso, permiti que os Bons Espíritos me assistam na comunicação que solicito. Preservai-me da presunção de me julgar ao abrigo dos maus Espíritos; do orgulho que poderia me enganar sobre o valor do que obtenha; de todo sentimento contrário à caridade para com os outros médiuns. Se for induzido ao erro, inspirai a alguém a ideia de me advertir, e a mim, a humildade que me fará aceitar a crítica com reconhecimento, e aceitar para mim, e não para os outros, os conselhos que os Bons Espíritos queiram dar-me.

Se me sentir tentado a enganar, seja no que for, ou a me envaidecer da faculdade que vos aprouve conceder-me, peço-vos que a retireis de mim, antes que permitir seja ela desviada de sua finalidade providencial, que é o bem de todos e o meu próprio adiantamento moral.

II. PRECES PESSOAIS

AOS ANJOS-GUARDIÃES E AOS ESPÍRITOS PROTETORES

11. Prefácio-Todos nós temos um Bom Espírito, ligado a nós desde o nascimento, que nos tomou sob a sua proteção. Cumpre junto a nós a missão de um pai junto ao filho: a de nos conduzir no caminho do bem e do progresso, através das provas da vida. Ele se sente feliz quando correspondemos à solicitude, e sofre quando nos vê sucumbir. Seu nome pouco importa, pois que ele pode não ser nenhum nome conhecido na Terra. Invocamo-lo, então, como o nosso Anjo-Guardião, o nosso Bom Gênio. Podemos mesmo invocá-lo com o nome de um Espírito Superior, pelo qual sintamos uma simpatia especial.

Além do nosso Anjo-guardião, que é sempre um Espírito superior a nós, temos os Espíritos Protetores, que, por serem menos elevados, não são menos bons e generosos. São Espíritos de parentes ou amigos, e algumas vezes de pessoas que nem sequer conhecemos na atual existência. Eles nos ajudam com os seus conselhos, e frequentemente com a sua intervenção nos acontecimentos de nossa vida. Os Espíritos simpáticos são os que se ligam a nós por alguma semelhança de gostos e tendências. Podem ser bons ou maus, segundo a natureza das inclinações que os atraem para nós. Os Espíritos sedutores esforçam-se para nos desviar do caminho do bem, sugerindo-nos maus pensamentos. Aproveitando-se de todas as nossas fraquezas, como de outras tantas portas abertas, que lhes dão acesso à nossa alma. Há os que se agarram a nós como a uma presa, *mas afastam-se quando reconhecem a sua impotência para lutar contra a nossa vontade.*

Deus nos deu um guia principal e superior em nosso Anjo-Guardião, e como guias secundários os nossos Espíritos Protetores e Familiares. É um erro, entretanto, supor que tenhamos *forçosamente* um mau gênio junto a nós, para contrabalançar as boas influências daqueles. Os maus Espíritos nos procuram *voluntariamente*, desde que achem possível dominar-nos, em razão da nossa fraqueza ou da nossa negligência em seguir as inspirações dos Bons Espíritos, e somos nós, portanto, que os atraímos. Disso resulta que não somos nunca privados da assistência dos Bons Espíritos, e que depende de nós o afastamento dos maus. Pelas suas imperfeições, sendo ele mesmo a causa dos sofrimentos que o atingem, o homem é quase sempre o seu próprio mau gênio. *(Cap. V, nº 4)*. A prece aos Anjos-Guardiães e aos Espíritos Protetores deve ter por fim solicitar a sua intervenção junto a Deus, pedir-lhe a força de que necessitamos para resistir às más sugestões, e a sua assistência para enfrentarmos as necessidades da vida.

12. Prece - Espíritos sábios e benevolentes, mensageiros de Deus, cuja missão é assistir aos homens e conduzi-los pelo bom caminho, amparai-me nas provas desta vida; dai-me a força de sofrê-las sem lamentações; desviai de mim os maus pensamentos, e fazei que eu não dê acesso a nenhum dos maus Espíritos que tentariam induzir-me ao mal. Esclarecei a minha consciência sobre os meus próprios defeitos, e tirai-me dos olhos o véu do orgulho, que poderia impedir-me de percebê-los e de confessá-los a mim mesmo. Vós, sobretudo, meu Anjo-Guardião, que velais mais particularmente por mim, e vós todos, Espíritos Protetores, que vos interessais por mim fazei que eu me torne digno da vossa benevolência. Vós conheceis as minhas necessidades; que elas sejam satisfeitas segundo a vontade de Deus.

13. Prece - Meu Deus, permiti que os Bons Espíritos que me assistem possam ajudar-me, quando me achar em dificuldades, e amparar-me nas minhas vacilações. Senhor, que eles me inspirem a fé, a esperança e a caridade; que sejam para mim um apoio, uma esperança e uma prova da Vossa misericórdia. Fazei, enfim, que eu neles encontre a força que me faltar nas provas da vida, e para resistir às sugestões do mal, a fé que salva e o amor que consola.

14. Prece - Espíritos amados, Anjos-Guardiães, vós a quem Deus na sua infinita misericórdia, permite velarem, pelos homens, sede o nosso amparo nas provas desta vida terrena. Dai-nos a força, a coragem e a resignação; inspirai-nos na senda do bem, detendo-nos no declive do mal; que vossa doce influência impregne as nossas almas; fazei que sintamos a presença, ao nosso lado, de um amigo devotado, que assista os nossos sofrimentos e participe das nossas alegrias. E vós, meu Anjo Bom, nunca me abandoneis. Necessito de toda a vossa proteção, para suportar com fé e amor as provas que Deus quiser enviar-me.

PARA AFASTAR OS MAUS ESPÍRITOS

15. Ai de vós, escribas e fariseus hipócritas, porque limpais o que está por fora do corpo e do prato, e por dentro estais cheios de rapina e de imundícias. Fariseu cego, purifica primeiro o interior do copo, e do prato, para que também o exterior fique limpo. Ai de vós, escribas e fariseus hipócritas, porque sois semelhantes aos sepulcros branqueados, que parecem por fora formosos aos homens, e por dentro estão cheios de ossos de mortos e de toda asquerosidade. Assim também vós outros, por fora vos mostrais na verdade justos aos homens, mas por dentro estais cheios de hipocrisia e iniquidade. (MATEUS, XXIII: 25-28).

16. Prefácio - Os maus Espíritos só estão onde podem satisfazer a sua perversidade. Para afastá-los, não basta pedir, nem mesmo ordenar que se retirem: é necessário eliminar em nós aquilo que os atrai. Os Espíritos maus descobrem as chagas da alma, como as moscas descobrem as do corpo. Assim, pois, como limpais o corpo para evitar as bicheiras, limpai também a alma das suas impurezas, para evitar as obsessões. Como vivemos num mundo em que os maus Espíritos pululam, as boas qualidades do coração nem sempre nos livram das suas tentativas, mas nos dão a força necessária para resistir-lhes.

17. Prece - Em nome de Deus Todo-Poderoso, que os maus Espíritos se afastem de mim, e que os Bons me defendam deles! Espíritos malfazejos, que

inspirais maus pensamentos aos homens; Espíritos enganadores e mentirosos, que os enganais; Espíritos zombeteiros, que zombais da sua credulidade, eu vos repilo com todas as minhas forças e fecho os meus ouvidos às vossas sugestões, mas peço para vós a misericórdia de Deus. Bons Espíritos, que me assistis, dai-me a força de resistir à influência dos maus Espíritos, e as luzes necessárias para não cair nas suas tramas. Preservai-me do orgulho e da presunção, afastai do meu coração o ciúme, o ódio, malevolência, e todos os sentimentos contrários à caridade, que são outras tantas portas abertas aos Espíritos maus.

PARA CORRIGIR UM DEFEITO

18. Prefácio - Nossos maus instintos são decorrentes da imperfeição do nosso próprio Espírito, e não da nossa organização física. Se assim não fosse, o homem estaria isento de toda e qualquer responsabilidade. De nós depende a nossa melhoria, pois todo homem que goza da plenitude de suas faculdades tem a liberdade de fazer ou não fazer qualquer coisa. Para fazer o bem, só lhe falta a vontade. *(Cap. XV, nº 10 e XIX, nº 12).*

19. Prece- Vós me destes, meu Deus, a inteligência necessária para distinguir o bem do mal. Assim, ao reconhecer que uma coisa é má, sou culpado de não me esforçar para resistir à sua tentação. Preservai-me do orgulho, que poderá me impedir de perceber os meus defeitos, e dos maus Espíritos, que poderiam me incitar a perseverar neles. Entre as minhas imperfeições, reconheço que sou particularmente inclinado a ..., e se não resisto ao seu arrastamento, é por causa do hábito que já adquiri de ceder-lhe. Vós não criastes culpado, porque sois justo, mas com igual aptidão para o bem e para o mal. Se preferi o mau caminho, foi em virtude do meu livre-arbítrio. Mas, pela mesma razão que tive a liberdade de fazer o mal, tenho também a de fazer o bem, e portanto a de mudar de caminho. Meus defeitos atuais são o resto das imperfeições que trouxe de minhas existências precedentes. São, pois, o meu pecado original, de que posso livrar-me pela minha vontade, com a assistência dos Bons Espíritos. Protegei-me, portanto, Espíritos bondosos, sobretudo vós, meu Anjo-Guardião, dando-me a força de resistir às más sugestões e de sair vitorioso da luta. Os defeitos são a barreira que nos separam de Deus, e cada defeito superado é um passo que damos para nos aproximarmos Dele. Oh! Senhor, na sua infinita misericórdia, houve por bem conceder-me a existência atual, para que sirva ao meu adiantamento. Bons Espíritos, ajudai-me a aproveitá-la, a fim de que ela não se torne perdida para mim. E quando aprouver ao Senhor me retirar dela, que eu possa sair melhor do que entrei. *(Caps. V, n°5 e XVII, n°3).*

PARA RESISTIR A UMA TENTAÇÃO

20. Prefácio -Todo mau pensamento pode ter duas origens: a nossa própria imperfeição espiritual, ou uma funesta influência que age sobre ela. Neste último caso, temos a indicação de uma fraqueza que nos expõe a essas influências, e portanto de que a nossa alma é imperfeita. Dessa maneira, aquele que falir não poderá desculpar-se com a simples influência de um Espírito estranho, desde que *esse Espírito não poderia levá-lo ao mal, se o encontrasse inacessível à sedução.*

Quando temos um mau pensamento, podemos supor que um espírito malfazejo nos sugere o mal, cabendo-nos inteira liberdade de ceder ou resistir, como se estivéssemos diante da solicitação de uma pessoa viva. Devemos ao mesmo tempo imaginar o nosso Anjo-Guardião ou Espírito Protetor, que por sua vez combate em nós essa influência má, esperando com ansiedade a *decisão que vamos tomar.* Nossa hesitação em atender ao mal é devida à voz do Bom Espírito, que se faz ouvir pela nossa consciência.

Reconhece-se um mau pensamento quando ele se distancia da caridade, que é a base de toda moral verdadeira; quando vem carregado de orgulho, vaidade e egoísmo; quando a sua realização pode causar algum prejuízo a outra pessoa; quando, enfim, nos propõe fazer aos outros o que não quereríamos que os outros nos fizessem. *(Caps. XXVIII, n° 15 e XV, n° 10).*

21. Prece - Deus Todo-Poderoso, não me deixeis sucumbir à tentação de cair no erro! Espíritos benevolentes que me protegeis, desviai de mim este mau pensamento, e dai-me a força de resistir à sugestão do mal. Se eu sucumbir, merecerei a expiação da minha falta nesta mesma existência e em outra, porque sou livre para escolher.

GRAÇAS POR UMA VITÓRIA SOBRE A TENTAÇÃO

22. Prefácio - Aquele que resistiu a uma tentação, deve o fato à assistência dos Bons Espíritos, a cuja voz ouviu. Deve, pois, agradecer a Deus e ao seu Anjo-Guardião.

23. Prece - Meu Deus, eu vos agradeço por me haverdes permitido sair vitorioso da luta que tive de sustentar contra o mal. Fazei que esta vitória me dê a força de resistir a novas tentações. E vós, meu Anjo-Guardião, recebei o meu agradecimento pela assistência que me destes. Que a minha submissão aos vossos conselhos me faça merecer novamente a vossa proteção.

PARA PEDIR UM CONSELHO

24. Prefácio - Quando ficamos indecisos quanto a alguma coisa que temos por fazer, devemos propor-nos, antes de tudo, as seguintes questões: 1º) O que pretendo fazer pode causar algum prejuízo a outra pessoa? 2º) Pode ser útil a alguém? 3º) Se alguém fizesse o mesmo para mim, eu ficaria satisfeito? Se o que temos de fazer só interessa a nós mesmos, é conveniente pesar as vantagens e desvantagens pessoais que nos podem advir. Se interessa a outros, e se fazendo bem a um pode resultar em mal para outro, é igualmente de conveniência pesar as vantagens e desvantagens. Afinal, mesmo para as melhores coisas, é necessário considerar a oportunidade e as circunstâncias, porquanto uma coisa boa por si mesma pode dar maus resultados em mãos inábeis, ou se não for conduzida com prudência e circunspecção. Em todo caso, pode-se sempre pedir a assistência dos Espíritos protetores, lembrando-nos desta máxima de sabedoria: *Na dúvida, abstém-te! (Cap. XXVIII, nº 38).*

25. Prece - Em nome de Deus Todo-Poderoso, vós, Bons Espíritos que me protegeis, inspirai-me a melhor decisão a tomar, na incerteza em que me encontro. Dirigi o meu pensamento para o bem, e desviai a influência dos que tentam enganar-me.

NAS AFLIÇÕES DA VIDA

26. Prefácio - Podemos solicitar a Deus benefícios terrenos, e Ele pode nos atender, quando tenham uma finalidade útil e séria. Mas, como julgamos a utilidade das coisas segundo a nossa visão imediatista, limitada ao presente, geralmente não vemos o lado mau daquilo que desejamos. Deus, que vê melhor que nós, e só deseja o nosso bem, pode então nos recusar o que pedimos, como um pai recusa ao filho aquilo que pode prejudicá-lo. Se aquilo que pedimos não nos é concedido, não devemos nos abater por isso. É necessário pensar, pelo contrário, que a privação nesse caso nos é imposta como prova ou expiação, e que a nossa recompensa será proporcional à resignação com que a suportamos *(Caps. XXVII, nº 6 e II, nºs 4, 6 e 7).*

27. Prece - Deus Todo-Poderoso, que vedes as nossas misérias, dignai-Vos ouvir favoravelmente o pedido que Vos faço neste momento. Se for inconveniente o meu pedido, perdoai-me; e se for justo e útil aos vossos olhos, que os Bons Espíritos, executores de Vossos desígnios, venham ajudar-me na realização. Como quer que seja, meu Deus, seja feita a Vossa vontade. Se os meus desejos não forem atendidos, é que desejais experimentar-me, e submeto-me sem murmurar. Fazei que eu não me desanime de maneira alguma, e que nem a minha fé, nem a minha resignação sejam abaladas. *(Formular o pedido).*

GRAÇAS POR UM FAVOR OBTIDO

28. Prefácio - É necessário não considerarmos como felizes apenas os acontecimentos importantes, pois os que parecem insignificantes são frequentemente os que mais influem no nosso destino. O homem esquece facilmente o bem, e se lembra mais do que o aflige. Se diariamente notássemos os benefícios que recebemos, sem pedir, ficaríamos muitas vezes admirados de haver recebido tanta coisa que nos esquecemos, e nos sentiríamos humilhados pela nossa ingratidão.

Cada noite, elevando nossa alma a Deus, devemos recordar intimamente os favores que Ele nos concedeu durante o dia, e agradecê-los. É sobretudo no momento em que experimentamos os benefícios da sua bondade e da sua proteção que, espontaneamente, devemos testemunhar-lhe a nossa gratidão. Basta para isso um pensamento que lhe atribua o benefício, sem necessidade de interromper o trabalho.

Os favores de Deus não consistem apenas em benefícios materiais. Devemos igualmente agradecer-lhes as boas ideias, as inspirações felizes que nos são dadas. Enquanto o orgulhoso tudo atribui aos seus próprios méritos, e o incrédulo ao acaso, o homem de fé rende graças a Deus e aos Bons Espíritos pelo que recebeu. Para isso, são inúteis as longas frases. *"Obrigado, meu Deus, pelo bom pensamento que me inspiraste!"*, diz mais do que muitas palavras. O impulso espontâneo que nos faz atribuir a Deus tudo o que nos acontece de bom, é o testemunho natural de um hábito de reconhecimento e de humildade, que nos atrai a simpatia dos Bons Espíritos. *(Cap. XXVII, n°s 7 e 8)*.

29. Prece - Deus infinitamente bom, humildemente agradeço os benefícios que me concedestes. Eu seria indigno de Vossa bondade, se os atribuísse ao acaso ou aos meus próprios méritos. Bons Espíritos, que executastes os desígnios de Deus, e vós sobretudo, meu Anjo-Guardião, aceitai o meu agradecimento. Afastai de mim a ideia de orgulhar-me, e de aplicar o que recebi em qualquer sentido que não seja o bem. Agradeço-vos particularmente... *(citar o benefício)*.

SUBMISSÃO E RESIGNAÇÃO

30. Prefácio - Quando sofremos uma aflição, se procurarmos a sua causa, encontraremos sempre a nossa própria imprudência, a nossa imprevidência, ou alguma ação anterior. Nesses casos, como se vê, temos de atribuí-la a nós mesmos. Se a causa de uma infelicidade não depende absolutamente de nenhuma de nossas ações, trata-se de uma prova para a existência atual, ou de uma expiação de falta cometida em existência anterior e, neste caso, pela natureza da expiação podemos conhecer a natureza da falta, desde que somos sempre punidos naquilo em que pecamos. *(Cap. V, n°s 4, 6 e segs.)*.

Naquilo que nos aflige, vemos em geral apenas o mal presente, e não as consequências ulteriores e favoráveis que ele pode ter. O bem é frequentemente a consequência de um mal passageiro, como a cura de um doente resulta dos meios dolorosos que se empregam para obtê-la. Em todos os casos, devemos submeter-nos à vontade de Deus, suportar corajosamente as atribulações da vida, se quisermos que elas nos sejam contadas, e que se apliquem a nós estas palavras do Cristo: Bem-aventurados os que sofrem. *(Cap. V, nº 18).*

31. Prece - Meu Deus, soberana é a Vossa justiça: todo sofrimento neste mundo, portanto, deve ter uma causa justa e a sua utilidade. Aceito a aflição que estou provando *(ou que acabo de provar)* como uma expiação para as minhas faltas passadas e uma prova com vistas ao futuro. Bons Espíritos que me protegem, dai-me a força de a suportar sem murmurar *(ou de a lembrar sem queixa);* fazei que eu a encare como uma advertência providencial; que ela enriqueça a minha experiência; que abata o meu orgulho e diminua a minha ambição, a minha tola vaidade e o meu egoísmo; que contribua, enfim, para o meu adiantamento.

32. Prece - Sinto, Meu Deus, a necessidade de orar para Vos pedir as forças necessárias a suportar as provas que me enviastes. Permiti que a luz se faça em meu espírito, com a devida intensidade, para que eu possa apreciar toda a extensão de um amor que me aflige porque me quer salvar! Submeto-me com resignação, oh! Meu Deus, ai de mim! É tão frágil a criatura humana que, se não me sustentardes, poderei sucumbir! Não me abandoneis, Senhor, pois sem o Vosso amparo eu nada posso!

33. Prece - Elevei o meu olhar para Ti, oh! Eterno, e me senti fortalecido. Porque és a minha força e te peço, meu Deus, que não me abandones! Estou esmagado ao peso das minhas iniquidades! Ajuda-me, pois conheces a fraqueza de minha carne! Não afastes de mim o teu olhar! Estou devorado por uma sede ardente. Faze brotar a fonte de água viva, que me dessedentará! Que meus lábios só se abram para te louvar, e não para reclamar das aflições da vida. Sou fraco, Senhor, mas o teu amor me sustentará. Oh! Eterno, só Tu és grande, só Tu é as razão e o fim da minha vida! Seja bendito o Teu nome, quando me feres, pois Tu és o Senhor e eu o servo infiel. Curvarei a fronte sem uma queixa, porque só Tu és grande, só Tu és o alvo das nossas vidas!

DIANTE DE UM PERIGO

34. Prefácio - Através dos perigos que enfrentamos, Deus nos lembra a nossa fragilidade e a condição efêmera da nossa existência. Ele nos mostra que a nossa vida está nas Suas mãos, ligadas por um fio, que pode romper-se no momento exato em que menos o esperamos. Ninguém é privilegiado, pois, grandes e pequenos, estão todos submetidos às mesmas condições. Se examinarmos a natureza e as consequências do perigo, veremos que, frequentemente, essas consequências, caso se verificassem, teria sido a punição de uma falta ou de *um dever não cumprido.*

35. Prece - Deus Todo-Poderoso, e vós, meu Anjo-Guardião, socorrei-me! Se devo sucumbir, que se faça a vontade de Deus! Se for salvo, que possa reparar o mal praticado e do qual me arrependo!

AO ESCAPAR DE UM PERIGO

36. Prefácio - Pelo perigo que passamos, Deus nos mostra que, de um momento para outro, podemos ser chamados a prestar contas do emprego que demos à nossa vida. Adverte-nos, assim, que devemos examinar-nos e emendar-nos.

37. Prece - Meu Deus, e vós, meu Anjo-Guardião, agradeço-vos o socorro que me destes no perigo que me ameaçou. Que esse perigo seja uma advertência para mim, e que me esclareça sobre os motivos que o atraíram para a minha vida. Compreendo, Senhor, que ela está em Vossas mãos, e que podeis retirá-la quando quiserdes. Inspirai-me, através dos Bons Espíritos que me assistem, a ideia de bem empregar o tempo que me concedestes neste mundo! Meu Anjo-Guardião, sustentai-me na decisão de corrigir os meus erros e fazer todo o bem que estiver ao meu alcance, a fim de chegar ao mundo dos Espíritos com menos imperfeições, quando aprouver a Deus me chamar!

NO MOMENTO DE DORMIR

38. Prefácio - O sono é o repouso do corpo, mas o Espírito não necessita desse repouso. Enquanto os sentidos se entorpecem, a alma se liberta parcialmente da matéria, gozando das suas faculdades espirituais. O sono foi dado ao homem para a reparação de suas forças orgânicas e das suas forças morais, enquanto o corpo recupera as energias gastas no estado de vigília, o espírito vai se retemperar entre os outros Espíritos. É então que ele tira, de tudo o que vê, de tudo que percebe, e dos conselhos que lhe são dados, as ideias que lhe ocorrem depois, em forma de intuições. É o retorno temporário do exilado à sua verdadeira pátria, a liberdade momentaneamente concedida ao prisioneiro. Mas acontece, como no caso dos prisioneiros perversos, que o Espírito nem sempre aproveita esse momento de liberdade para o seu adiantamento. Se conserva maus instintos, em vez de procurar a companhia dos Bons Espíritos, busca a dos seus semelhantes, e dirige-se aos lugares em que pode liberar as suas más inclinações. Aquele que se acha compenetrado desta verdade eleve o seu pensamento, no momento em que sente aproximar-se o sono; solicite o conselho dos Bons Espíritos e daqueles cuja memória lhe seja cara, a fim de que venham assisti-lo, no breve intervalo que lhe é concedido. Se assim fizer, ao acordar se sentirá fortalecido contra o mal, com mais coragem para enfrentar as adversidades.

39. Prece - Minha alma vai encontrar-se por um instante com os outros Espíritos. Que venham os Bons ajudar-me com os seus conselhos. Meu Anjo-Guardião, fazei que ao acordar eu possa conservar uma impressão durável e benéfica desse encontro!

PREVENDO A MORTE PRÓXIMA

40. Prefácio - A fé no futuro, a elevação do pensamento, durante a vida, em direção aos destinos superiores do homem, ajudam a libertação do Espírito, enfraquecendo os laços que o prendem ao corpo. Frequentemente, a vida ainda não se extinguiu, e a alma, impaciente, já parte para a imensidade. Ao contrário, esses laços materiais são mais tenazes, no homem que concentra todos os seus pensamentos nos problemas imediatos, *e a separação se toma penosa e dolorosa*, seguida de um despertar cheio de perturbação e ansiedade no além-túmulo.

41. Prece - Meu Deus, creio em Vós e na Vossa infinita bondade! Eis porque não admito que tenhas dado ao homem a capacidade de Vos conhecer e a aspiração do futuro, para depois mergulhá-lo no absurdo do nada. Creio que o meu corpo é apenas o envoltório perecível da minha alma, e que ao cessar de viver neste mundo, despertarei no Mundo dos Espíritos. Deus Todo-Poderoso, sinto romperem-se os laços que ligam minha alma ao meu corpo, e bem logo irei prestar contas do emprego que fiz da minha vida. Irei sofrer as consequências do bem e do mal que tenha feito. Então, não haverá mais ilusões, nem subterfúgios possíveis, e todo o meu passado se desenrolará diante de mim, para que eu seja julgado segundo as minhas obras.

Não levarei nada dos bens terrenos. Honrarias, riquezas, satisfações da vaidade e do orgulho, tudo, enfim, que se refere à vida corporal, permanecerá neste mundo. Nem a menor parcela de tudo isso me seguirá, e nada disso me valerá de nada no Mundo dos Espíritos. Só levarei comigo o que pertence à alma, ou seja, as boas e as más qualidades, que serão pesadas na balança de uma rigorosa justiça. Serei julgado com tanto maior severidade, quanto mais a minha posição terrena tenha me facilitado as ocasiões de fazer o bem que não fiz. *(Cap. XVI, nº9)*.

Deus de misericórdia, que meu arrependimento

chegue até Vós! Dignai-vos estender sobre mim o manto da Vossa indulgência! Se vos aprouver prolongar a minha existência, que esse prolongamento seja empregado em reparar, quanto me for possível, o mal que eu tenha feito! Se a minha hora soou inexoravelmente, que eu leve comigo o pensamento consolador de que me será permitido resgatar-me através de novas provas para merecer um dia a felicidade dos eleitos! Pois se não me é dado gozar imediatamente dessa felicidade invariável, de que só participam os justos por excelência, sei, entretanto, que a esperança não me é interdita para sempre, e que pelo trabalho chegarei ao alvo, mais cedo ou mais tarde, segundo os meus esforços.

Sei que os Bons Espíritos e o meu Anjo-Guardião me receberão, e em breve os verei, como eles agora me veem. Sei que reencontrarei os que amei na Terra, *se o merecer,* e que irão reunir-se um dia comigo os que estou deixando neste mundo, para sempre continuarmos juntos; e que, enquanto os espero, poderei vir visitá-los. Sei ainda que encontrarei aqueles a quem ofendi; possam eles perdoar-me o que lhes fiz; meu orgulho, minha dureza, minhas injustiças sejam esquecidas para que a vergonha não me acabrunhe na sua presença. De minha parte, perdôo aos que me fizeram mal, ou quiseram mal na Terra, não levo nenhum ódio contra eles, e peço a Deus que os perdoe.

Senhor, dai-me a força de deixar sem pena os grosseiros prazeres deste mundo, que nada são perante as alegrias puras do mundo em que vou entrar! Pois sei que lá não há tormentos para os justos, nem sofrimentos e misérias, e somente o culpado está sujeito a sofrer, mas restando-lhe sempre o consolo da esperança. Bons Espíritos, e vós, meu Anjo-Guardião, não me deixeis falir neste momento supremo! Fazei brilhar aos meus olhos a divina luz, para que se reanime a minha fé, se ela vier a vacilar!

(Nota: Ver adiante o parágrafo V, "Preces para os doentes e obsedados").

III. PRECES PELOS OUTROS

PELOS QUE ESTÃO EM AFLIÇÃO

42. Prefácio - Se é conveniente ao aflito que a sua prova prossiga, o nosso pedido não a abreviará. Mas seria falta de piedade o abandonarmos, alegando que a nossa prece não será ouvida. Além disso, mesmo que a prova não seja interrompida, podemos obter alguma consolação, que lhe minore o sofrimento. O que é realmente útil para quem suporta uma prova é a coragem e a resignação, sem as quais o que ele passa não lhe trará resultados, pois que terá de passar novamente por ela. É para esse objetivo, portanto, que devemos dirigir os nossos esforços, seja pedindo aos Bons Espíritos em seu favor, seja levantando-lhe a moral através de conselhos e encorajamento, seja, enfim, assistindo-o materialmente, se isso for possível. A prece, nesse caso pode ainda ter um efeito direto, descarregando no aflito uma corrente fluídica, que lhe fortaleça o ânimo. *(Caps. V, n°s 5 e 27, XXVII, n°s 6 e 10).*

43. Prece - Meu Deus de infinita bondade, dignai-vos abrandar a amargura da situação de *Fulano,* se assim for da Vossa vontade! Bons Espíritos, em nome de Deus Todo-Poderoso eu vos peço assistência para as suas aflições. Se, no seu próprio benefício, elas não podem ser diminuídas, fazei-lhe compreender que elas são necessárias ao seu adiantamento. Dai-lhe a confiança em Deus e no futuro, que as tornará menos amargas. Dai-lhe também a força de não sucumbir ao desespero, o que lhe faria perder os benefícios e tornaria a sua situação futura ainda mais penosa. Revertei o meu pensamento para ele, e que assim eu possa ajudá-lo a sustentar a coragem necessária.

Graças Por Benefício Concedido a Outro

44. Prefácio - Quem não se deixa dominar pelo egoísmo rejubila-se com o bem do próximo, mesmo que não o tenha pedido por uma prece.

45. Prece - Senhor, agradeço-Vos a felicidade concedida a *Fulano*. Bons Espíritos, fazei que ele veja nesse benefício uma consequência da bondade de Deus. Se o bem que lhe é dado constitui uma prova, inspirai-lhe o pensamento de bem empregá-lo e de não se envaidecer para não transformá-lo em prejuízo futuro. Vós, meu Bom Espírito, que me protegeis e desejais a minha felicidade, afastai de mim qualquer sentimento de inveja ou de ciúme.

PARA OS INIMIGOS E OS QUE NOS QUEREM MAL

46. Prefácio - Jesus disse: *Amai os vossos inimigos.* Esta máxima nos revela o que há de mais sublime na caridade cristã. Mas Jesus não queria dizer que devemos ter pelos inimigos a mesma ternura que dedicamos aos amigos. Por essas palavras ensina-nos a perdoar as ofensas, perdoar todo o mal que nos fizerem e pagar o mal com o bem. Além do merecimento que tem essa conduta aos olhos de Deus, serve para mostrar aos homens o que é a verdadeira superioridade.

47. Prece - Meu Deus, perdoo a *Fulano* o mal que me fez e o que pretendia fazer-me, como desejo que me perdoeis, e que ele por sua vez me perdoe as faltas que eu tenha cometido. Se o pusestes no meu caminho como uma prova, seja feita a Vossa vontade. Afastai de mim, oh! Meu Deus, a ideia de maldizê-lo, e qualquer sentimento malévolo contra ele. Que eu não sinta jamais nenhuma alegria pelos males que o possam atingir, nem qualquer aborrecimento pelos benefícios que ele venha a receber, a fim de não manchar minha alma com sentimentos indignos de um cristão. Possa a Vossa bondade, Senhor, ao tocar-lhe o coração, induzi-lo a melhores sentimentos para comigo!

Bons Espíritos, inspirai-me o esquecimento do mal e a lembrança constante do bem! Que nem o ódio, nem o rancor, nem o desejo de lhe retribuir o mal com o mal, penetrem no meu coração, porque o ódio e a vingança são próprios unicamente dos maus Espíritos, encarnados e desencarnados! Que eu esteja, pelo contrário, sempre pronto a lhe estender a mão fraterna, a pagar-lhe o mal com o bem, e a ajudá-lo quando possível.

Desejo, para experimentar a sinceridade das minhas palavras, que se me apresente uma oportunidade de lhe ser útil. Mas, sobretudo, oh! Meu Deus, preservai-me de fazê-lo por orgulho ou ostentação, abatendo-o com uma generosidade humilhante, o que anularia os méritos da minha atitude. Porque, nesse caso, eu bem mereceria estas palavras do Cristo: *Já recebestes a vossa recompensa. (Cap. XIII, n°s 1 e segs.).*

GRAÇAS POR UM BEM CONCEDIDO AOS INIMIGOS

48. Prefácio - Não desejar o mal aos inimigos é ser caridoso apenas pela metade. A verdadeira caridade consiste em lhes desejarmos o bem, e em nos sentirmos felizes com o bem que lhes acontece. *(Cap. XII, nº 7 e 8).*

49. Prece - Meu Deus, na vossa justiça, decidistes alegrar o coração de *Fulano*, e eu vos agradeço por ele, não obstante o mal que me haja feito ou que procura fazer-me. Se desse benefício ele se aproveitasse para humilhar-me, eu o aceitaria como uma prova para a minha caridade. Bons Espíritos que me protegeis, não me deixeis ficar pesaroso por isso. Afastai de mim a inveja e o ciúme, que tanto nos rebaixam. Inspirai-me, pelo contrário, a generosidade que eleva. A humilhação decorre do mal e não do bem, e nós sabemos que, cedo ou tarde, justiça será feita a cada um segundo as suas obras.

PELOS INIMIGOS DO ESPIRITISMO

50. Bem-aventurados os que têm fome e sede de justiça, porque eles serão fartos. Bem-aventurados os que padecem perseguição por amor da justiça, porque deles é o Reino dos Céus. Bem-aventurados sois, quando vos injuriarem, e vos

perseguirem, e disserem todo o mal contra vós, mentindo, por meu respeito. Folgai e exultai, porque o vosso galardão é copioso nos céus; pois assim também perseguiram os profetas, que foram antes de vós. (MATEUS, V: 6, 10-12).

E não temais os que matam o corpo, e não podem matar a alma: temei antes, porém, o que pode lançar no inferno tanto a alma como o corpo. (MATEUS, X: 28).

51. Prefácio - De todas as liberdades, a mais inviolável é a de pensar, que compreende também a liberdade de consciência. Lançar a anátema contra os que não pensam como nós, é reclamar essa liberdade para nós e recusá-la aos outros, e é violar o primeiro mandamento de Jesus: o da caridade e do amor do próximo. Perseguir os outros pela crença que professam, é atentar contra o mais sagrado direito do homem: o de crer no que lhe convém, adorando a Deus como lhe parece melhor. Constringi-los à prática de atos exteriores semelhantes aos nossos, é mostrar que nos apegamos mais a forma do que à essência, às aparências do que à convicção. A abjuração forçada jamais produziu a fé. Só pode fazer hipócritas. É um abuso da força material, que não prova a verdade. Porque *a verdade é segura de si mesma; convence e não persegue, porque não tem necessidade de fazê-lo.*

O Espiritismo é uma opinião, uma crença; fosse mesmo uma religião, por que não teriam os seus adeptos a liberdade de se dizerem espíritas, como a têm os católicos, os judeus e os protestantes, os partidários desta ou daquela doutrina filosófica, deste ou daquele sistema econômico? Esta crença é falsa ou verdadeira: se é falsa, cairá por si mesma, porque o erro não pode prevalecer contra a verdade, quando a luz se faz nas inteligências; e se é verdadeira, a perseguição não a tornará falsa.

A perseguição é o batismo de toda ideia nova, grande e justa, cuja propagação aumenta, na razão da grandeza e da importância da ideia. O furor e a cólera dos seus inimigos são equivalentes ao temor que ela lhes infunde. Foi essa a razão das perseguições ao Cristianismo na antiguidade, e essa a razão das perseguições ao Espiritismo, na atualidade, com a diferença de que o Cristianismo foi perseguido pelos pagãos, e o Espiritismo o é pelos cristãos. O tempo das perseguições sanguinárias já passou, é verdade, mas se hoje não matam o corpo, torturam a alma. Atacam-na até mesmo nos seus sentimentos mais profundos, nas suas mais caras afeições. As famílias são divididas incitando-se a mãe contra a filha, a mulher contra o marido. E mesmo a agressão física não falta, atacando-se o corpo no tocante às suas necessidades materiais, ao tirarem às pessoas o próprio ganha-pão, para reduzi-las à fome. *(Cap. XXIII, nº 9 e segs.).*

Espíritas, não vos aflijais com os golpes que vos desferem, pois são eles a prova de que estais com a verdade. Se não o estivésseis, vos deixariam em paz, não vos agrediriam. É uma prova para a vossa fé, pois é pela vossa coragem, pela vossa resignação, pela vossa perseverança, que Deus vos reconhece entre os seus fiéis servidores, os quais já está contando desde hoje, para dar a cada um a parte que lhe cabe, segundo suas obras.

A exemplo dos primeiros cristãos, orgulhai-vos

de carregar a vossa cruz. Crede na palavra do Cristo, que disse: "Bem-aventurados os que sofrem perseguições pela justiça, porque deles é o Reino dos Céus. Não temais os que matam o corpo, mas não podem matar a alma". E acrescentou: "Amai aos vossos inimigos, fazei bem aos que vos fazem mal, e orai pelos que vos perseguem". Mostrai que sois os seus verdadeiros discípulos, e que a vossa doutrina é boa, fazendo, para isso, o que ele ensinou e exemplificou. A perseguição será temporária. Esperai, pois, pacientemente, o romper da aurora, porque a estrela da manhã já se levanta no horizonte. *(Cap. XXIV, nº 13 e segs.).*

52. Prece - Senhor, vós nos mandastes dizer por Jesus, o vosso Messias: "Bem-aventurados os que sofrem perseguição por amor da justiça; perdoai os vossos inimigos; orai pelos que vos perseguem"; e ele mesmo nos deu o exemplo, orando pelos seus algozes. Assim, apelamos à vossa misericórdia, Senhor, em favor dos que desprezam os vossos divinos preceitos, os únicos que realmente podem assegurar a paz, neste e no outro mundo. Como o Cristo, também nós vos pedimos: **"Perdoai-lhes, Pai, porque eles não sabem o que fazem!"** Dai-nos a força de suportar com paciência e resignação, como provas para a nossa fé e a nossa humildade, as zombarias, as injúrias, as calúnias e as perseguições que nos movem! Afastai-nos de qualquer ideia de represálias, pois a hora da vossa justiça soará para todos, e nós a esperamos, submetendo-nos à vossa santa vontade.

PRECE PARA UM NASCIMENTO

53. Prefácio - Os Espíritos só chegam à perfeição depois de haverem passado pelas provas da vida corporal. Os que estão na erraticidade esperam que Deus lhes permita voltar a uma existência que deverá proporcionar-lhes os meios de adiantamento, seja pela expiação de suas faltas passadas, mediante as vicissitudes a que estiverem sujeitos, seja pelo cumprimento de uma missão útil à Humanidade. Seu progresso e sua felicidade futura serão proporcionais ao emprego que derem ao tempo de sua nova passagem pela Terra. O encargo de lhes guiar os primeiros passos, dirigindo-os para o bem, é confiado aos pais, que responderão perante Deus pela maneira com que se desincumbirem do seu mandato. É para facilitar-lhes a execução, que Deus fez do amor paternal e do amor filial uma lei da natureza, lei que jamais será violada impunemente.

54. Prece - (Para ser dita pelos pais) - Espírito que vos encarnastes como nosso filho, sede bem-vindo entre nós. Agradecemos a Deus Todo-Poderoso, pela bênção que nos concedeu. É um depósito que nos confiou, e do qual teremos que prestar contas um dia. Se ele pertence à nova geração de Bons Espíritos, que devem povoar a Terra, obrigado Senhor, por mais esse favor! Se é uma alma imperfeita, nosso dever é o de ajudá-la no progresso, em direção ao bem, por nossos conselhos e nossos bons exemplos. Se cair no mal por nossa culpa, teremos de responder por isso perante Vós, porque não teremos cumprido nossa missão para com ele. Senhor, amparai-nos no cumprimento da nossa tarefa, e dai-nos a força e a vontade de bem realizá-la. Se esta criança tiver de ser por um motivo de provas para nós, seja feita a vossa vontade! Bons Espíritos, que viestes presidir ao seu nascimento e que deveis acompanhá-la durante a vida, jamais a abandoneis. Afastai os maus Espíritos que tentarem induzi-la ao mal. Dai-lhe a força de resistir às suas sugestões, e a coragem de sofrer com paciência e resignação as provas que a esperam na Terra. *(Cap. XIV, nº 9).*

55. Prece- Meu Deus, Vós me confiastes a sorte de um dos vossos filhos; fazei, pois, Senhor, que eu me torne digno da tarefa que me destes. Concedei-me a vossa proteção, e esclarecei a minha inteligência, para que eu possa discernir desde logo as tendências desse Espírito, que devo preparar para a vossa paz.

56. Prece - Deus de infinita bondade, já que te aprouve permitir ao Espírito desta criança voltar novamente às provas terrenas, para o seu próprio progresso, concede-lhe a luz necessária, a fim de aprender a conhecer-te, amar-te e adorar-te. Faze, pelo teu supremo poder, que esta alma se regenere na fonte dos teus divinos ensinamentos. Que, sob a proteção do seu Anjo da Guarda, sua inteligência se fortaleça e se desenvolva, aspirando a aproximar-se cada vez mais de Ti. Que a Ciência do Espiritismo seja a luz brilhante a iluminar o seu caminho, através dos escolhos da existência. Que ele saiba, enfim, compreender toda a extensão do teu amor, que nos submete à prova para nos purificar. Senhor, lança o teu olhar paterno sobre a família que confiaste esta alma, para que ela possa compreender a importância da sua missão, e faze germinar nesta criança as boas sementes, até o momento em que ela possa, por si mesma, Senhor, e através de suas próprias aspirações, elevar-se gloriosamente para Ti. Digna-te, oh! Meu Deus, ouvir esta humilde prece, em nome e pelos méritos Daquele que disse: *"Deixai vir a mim os pequeninos, porque o Reino dos Céus é daqueles que se lhes assemelham!"*

POR UM AGONIZANTE

57. Prefácio - A agonia é o prelúdio da libertação da alma; pode dizer-se que, nesse momento, o homem tem apenas um pé neste mundo, e que já pôs um no outro. Essa passagem é algumas vezes penosa, para aqueles que se apegam à matéria e viveram mais para os bens deste mundo do que para os do outro, e cuja consciência se acha perturbada por mágoas e remorsos. Para os que, pelo contrário, mantiveram seus pensamentos elevados ao infinito e se desprenderam da matéria, os laços são mais fáceis de romper, e seus últimos momentos nada têm de dolorosos. A alma, então, prende-se ao corpo apenas por um fio, enquanto que, no outro caso, liga-se por raízes profundas. Em qualquer caso, a prece exerce poderosa ação no processo de separação. *(O Céu e o Inferno, IIª parte, cap. I, "A passagem").*

58. Prece - Deus poderoso e misericordioso, eis uma alma que deixa o seu envoltório terrestre, para voltar ao Mundo dos Espíritos, que é a sua verdadeira pátria! Que o possa fazer em paz, sob o amparo da vossa misericórdia. Bons Espíritos, que a acompanhastes na sua vida terrena, não a abandoneis neste momento supremo! Dai-lhe a força de bem suportar os últimos sofrimentos porque deve passar neste mundo, para o seu adiantamento futuro. Inspirai-a, para que ela consagre ao arrependimento de suas faltas os derradeiros lampejos da sua inteligência, ou os que momentaneamente ainda lhe advenham. Fazei que o meu pensamento possa agir de maneira a ajudá-la a separar-se com menos dificuldades, e que ela leve consigo, no momento de deixar a Terra, as consolações da esperança.

IV. PRECES PELOS ESPÍRITOS

PARA LOGO APÓS A MORTE

59. Prefácio - As preces pelos Espíritos que acabam de deixar a Terra têm por fim, não apenas proporcionar-lhes uma prova de simpatia, mas também ajudá-los a se libertarem das ligações terrenas, abreviando a perturbação que segue sempre à separação do corpo, e tornando mais calmo o seu despertar. Mas ainda nesse caso, como em todas as demais circunstâncias, a eficácia da prece depende da sinceridade do pensamento, e não da abundância de palavras, ditas com maior ou menor ênfase, e das quais, na maioria das vezes, o coração não participa. As preces que partem realmente do coração encontram ressonância no Espírito a que se dirigem, e cujas ideias estão ainda em estado de confusão, como se fossem vozes amigas que vão despertá-lo do sono. *(Cap. XXVII, n° 10)*.

60. Prece - Deus Todo-Poderoso, que vossa misericórdia se estenda sobre a alma de *Fulano,* que acabais de chamar para Vós. Possam ser contadas em seu favor as provas porque passou na Terra, e as nossas preces abrandar e abreviar as penas que ainda tenha de sofrer como Espírito! Vós, Bons Espíritos que viestes receber essa criatura, e vós, sobretudo, que sois o seu Anjo-Guardião, assisti-o, ajudando-o a se despojar da matéria. Dai-lhe a luz necessária, e a consciência de si mesmo, a fim de se livrar da perturbação que acompanha a passagem da vida corporal para a vida espiritual. Inspirai-lhe o arrependimento de suas faltas e o desejo de repará-las, para apressar o seu progresso rumo à eterna bem-aventurança.

A ti, *Fulano,* que acabas de entrar no Mundo dos Espíritos, quero dizer que, não obstante, aqui te encontras entre nós, e nos vê e nos ouve, pois apenas deixaste o corpo perecível, que logo será reduzido a poeira. Deixaste o envoltório grosseiro, sujeito às vicissitudes e à morte, e conservaste apenas o envoltório etéreo, imperecível e inacessível aos sofrimentos materiais. Se não vives mais pelo corpo, vives entretanto pelo Espírito, e essa vida espiritual está isenta das misérias que afligem a Humanidade. Não tens mais sobre os olhos o véu que nos oculta os esplendores da vida futura. Podes agora contemplar novas maravilhas, enquanto nós continuamos mergulhados nas trevas. Vais percorrer o espaço e visitar os mundos, em plena liberdade, enquanto nós rastejamos penosamente na Terra, presos ao nosso corpo material, semelhante a um pesado fardo. Os horizontes do infinito se desvendarão diante de ti, e ao ver tanta grandeza, compreenderás a vaidade das ambições terrenas, das nossas aspirações mundanas, e das alegrias fúteis a que os homens se entregam.

A morte, para os homens, é apenas uma separação momentânea, no plano material. Do exílio em que ainda nos mantém a vontade de Deus, e os deveres que ainda temos de cumprir neste mundo, nós te seguiremos pelo pensamento, até o momento em que nos seja permitido juntar-nos novamente contigo, como agora te reúnes aos que te precederam. Não podemos ir ao teu encalço, mas podes vir até nós. Vem, pois, atender os que te amam e que também amaste. Ampara-os nas provas da vida; vela pelos que te são caros; protege-os segundo as tuas possibilidades; suaviza-lhes as amarguras da saudade, sugerindo-lhes o pensamento de que estás agora mais feliz, e a consoladora certeza de que um dia estarão todos reunidos num mundo melhor. No mundo em que estás, todos os ressentimentos terrenos devem extinguir-se. Que possas, para a tua felicidade futura, permanecer agora inacessível a eles! Perdoa, pois, a todos os que possam ter cometido faltas para contigo, como aqueles para os quais erraste também te perdoam.

Nota - Podem-se juntar a esta prece, que se aplica a todos, algumas palavras especiais, segundo as circunstâncias particulares da família, ou das relações e da posição do falecido. Quando se trata de uma criança, sabemos, pelo Espiritismo, que não estamos diante de um Espírito recém-criado, mas que já viveu outras vidas, e que pode até mesmo ser bem adiantado. Se a sua última existência foi curta, é que necessitava de um complemento de provas, ou devia ser uma prova para os pais. *(Cap. V, nº 21)*.

61. Prece - *(Ditada a um médium de Bordeaux, no momento em que passava diante da sua janela o enterro de um desconhecido)* - Senhor Todo-Poderoso, que vossa misericórdia se derrame sobre os nossos irmãos que acabam de deixar a Terra! Que brilhe a vossa luz aos seus olhos! Tirai-os das trevas, abri os seus olhos e os seus ouvidos! Que os Bons Espíritos os envolvam e lhes façam ouvir suas palavras de paz e de esperança! Senhor, por mais indignos que sejamos, temos a ousadia de implorar a vossa misericordiosa indulgência em favor deste nosso irmão que acabais de chamar do exílio. Fazei que o seu retorno seja o do filho pródigo. Esquecei, oh! Meu Deus, as faltas que tenha cometido, para vos lembrardes somente do bem que tenha podido fazer! Imutável é a vossa justiça, bem o sabemos, mas imenso é o vosso amor! Nós vos suplicamos que abrandeis a vossa justiça pela fonte de bondade que emana de vós!

Que a luz se faça para ti, meu irmão que acabas de deixar a Terra! Que os Bons Espíritos do Senhor venham socorrer-te, envolvendo-te e ajudando-te a sacudir para longe as tuas cadeias terrestres! Vê e compreende a grandeza de nosso Senhor; submete-te sem queixas à sua justiça; mas jamais te desesperes da sua misericórdia. Irmão! Que um profundo exame do teu passado te abra as portas do futuro, fazendo-te compreender as faltas que deixaste para trás, bem como o trabalho que te espera, para que possas repará-las! Que Deus te perdoe, e que os seus Bons Espíritos te amparem e encorajem! Teus irmãos da Terra orarão por ti, e te pedem que ores por eles.

POR AQUELES QUE AMAMOS

62. Prefácio - Como é horrível a ideia do nada!

Como são dignos de lástima os que pensam que uma voz do amigo que chora o seu amigo se perde no vácuo, sem encontrar o menor sinal de resposta! Eles jamais conheceram as afeições puras e santas. Como conhecer, se pensam que tudo morre com o corpo; que o gênio, depois de iluminar o mundo com a sua poderosa inteligência, extingue-se como um sopro, no apagar de um simples jogo de forças materiais; que do ser mais querido, como o pai, a mãe, um filho adorado, não resta mais do que um punhado de poeira, que o vento inevitavelmente dispersará? Como pode um homem sensível ficar indiferente a essa ideia? Como não o gela de horror a ideia de um aniquilamento absoluto, e não o faz pelo menos desejar que assim não seja? Se até agora a razão não foi suficiente para dissipar as suas dúvidas, eis que o Espiritismo o vem fazer, através das provas materiais da sobrevivência que nos proporciona, e consequentemente da existência dos seres de além-túmulo. Justamente por isso, essas provas são acolhidas por toda parte com satisfação. E a confiança renasce, pois o homem sabe, de agora em diante, que a vida terrena é apenas uma rápida passagem, que conduz a uma vida melhor. Seus trabalhos neste mundo não ficam mais perdidos para ele, e as suas mais santas afeições não são rompidas sem qualquer esperança. *(Caps. IV, nº 18 e V, nº21).*

63. Prece - Acolhe favoravelmente, oh! Deus de bondade, a prece que vos dirijo pelo Espírito de *Fulano!* Faze-lhe perceber as tuas luzes divinas, e facilita-lhe o caminho da felicidade eterna! Permite que os Bons Espíritos levem até eles as minhas palavras e o meu pensamento. E tu, que eu tanto queria neste mundo, ouve a minha voz que te chama para dar-te uma nova prova da minha afeição! Deus permitiu que fosses libertado antes de mim, e eu não poderia lamentá-lo sem demonstrar egoísmo, porque isso equivaleria a desejar que continuasse sujeito às penas e aos sofrimentos da vida. Espero, pois, com resignação, o momento da nossa união, nesse mundo mais feliz, a que chegaste antes de mim. Bem sei que a nossa separação é apenas momentânea, e que, por mais longa ela possa me parecer, sua duração se esvai diante da eternidade de ventura que Deus promete aos seus eleitos. Que a sua bondade me livre de fazer qualquer coisa que possa retardar esse instante desejado, e que assim me poupe a dor de não te encontrar, ao sair do meu cativeiro terreno. Oh! Como é doce e consoladora a certeza de não haver, entre nós, mais do que um véu material, que te esconde ao meu olhar; a certeza de que podes estar aqui, ao meu lado, ver-me e ouvir-me como outrora; de que não esqueces, da mesma maneira como não te esqueço; de que os nossos pensamentos se confundem incessantemente, e de que o teu me segue e me ampara sempre! Que a paz do Senhor esteja contigo!

PELOS SOFREDORES QUE PEDEM PRECES

64. Prefácio - Para compreender o alívio que a prece pode proporcionar aos espíritos sofredores, é necessário lembrar o seu modo de ação, anteriormente explicado. *(Cap. XXVII, nº 8 e 9 e segs.)* Aquele que se compenetrou desta verdade, ora com mais fervor, em virtude das certeza de não fazê-lo em vão.

65. Prece - Deus clemente e misericordioso, que a vossa bondade se derrame sobre todos os Espíritos que se recomendam às nossas preces, e particularmente sobre o Espírito de *Fulano*. Bons Espíritos, que tendes o bem por ocupação única, intercedei comigo a favor deles! Fazei brilhar aos seus olhos um clarão de esperanças, e que a divina luz os esclareça quanto às imperfeições que os afastam dos bem-aventurados. Abri os seus corações ao arrependimento e ao desejo de se purificarem, para apressarem o seu adiantamento. Fazei-os compreender que, pelos seus esforços, podem abreviar o tempo de suas provas. Que Deus, na sua bondade, lhes dê a força de perseverarem nas suas boas resoluções! Possam estas palavras amigas suavizar-lhes as penas, mostrando-lhes que há, sobre a Terra, quem deles se compadece e lhes deseja toda a felicidade!

66. Prece - Derramai, Senhor, nós vos pedimos, sobre todos os que sofrem, como espíritos errantes, no espaço, ou entre nós, como Espíritos encarnados, as graças do vosso amor e da vossa misericórdia! Tende piedade das nossas fraquezas. Vós nos fizestes falíveis, mas nos destes a força de resistir o mal e de vencê-lo. Que a vossa misericórdia se estenda sobre todos os que não puderam resistir às suas más tendências, e ainda se encontram arrastados pelo caminho do mal. Que os Bons Espíritos os envolvam; que as vossas luzes brilhem aos seus olhos, e que, atraídos pelo seu calor vivificante, venham prosternar-se aos vossos pés, humildes, arrependidos e submissos.

Nós vos pedimos igualmente, Pai de Misericórdia, pelos vossos irmãos que não tiveram forças para suportar suas provas terrenas. Vós nos dais um fardo a carregar, Senhor, e só devemos depô-lo aos vossos pés! Mas a nossa fraqueza é demasiada, e a coragem nos falta algumas vezes em meio do caminho! Tende piedade desses servos indolentes, que abandonaram o trabalho antes da hora! Que a vossa justiça os poupe, e permiti, Senhor, que os Bons Espíritos lhe levem alívio, consolações e esperanças! A perspectiva do perdão fortalece as almas: abri-a, Senhor, para os culpados que se desesperam e, sustentados por essa esperança, eles encontrarão forças na própria intensidade de suas faltas e de seus sofrimentos, para resgatarem o seu passado e se predisporem à conquista do futuro.

POR UM INIMIGO QUE MORREU

67. Prefácio - A caridade para com os inimigos deve acompanhá-los no além-túmulo. Devemos pensar que o mal que eles nos fizeram foi para nós uma prova, que pode ser útil ao nosso adiantamento, se a soubermos aproveitar. Pode mesmo ser mais útil ainda que as aflições de ordem puramente material, por nos permitirem juntar, à coragem e à resignação, a caridade e o esquecimento das ofensas. *(Caps. X, nº 6, XII, nº 5 e 6).*

68. Prece - Senhor, quiseste chamar de mim o espírito de *Fulano*. Perdoo-lhe o mal que me fez e as más intenções que alimentou a meu respeito. Possa ele arrepender-se de tudo isso, agora que não está mais sob as ilusões deste mundo. Que a vossa misericórdia, meu Deus, se derrame sobre ele, e afastai de mim o pensamento de alegrar-me com a sua morte. Se também fui mau para com ele, que me perdoe, como me esqueço do que tenha feito contra mim.

POR UM CRIMINOSO

69. Prefácio - Se a eficácia das preces estivesse na razão da sua extensão, as mais longas deviam ser reservadas para os mais culpados, porque eles têm mais necessidade do que aqueles que viveram santamente. Recusá-las aos criminosos é faltar à caridade e desconhecer a misericórdia de Deus. Pensar que são inúteis, porque um homem cometeu faltas muito graves, seria prejulgar a justiça do Altíssimo. *(Cap. XI, n° 14).*

70. Prece - Senhor Deus de Misericórdia, não repudieis esse criminoso que acaba de deixar a Terra! A justiça dos homens pode condená-lo, mas isso não o livra da vossa justiça, caso o seu coração não tenha sido tocado pelo remorso. Tirai-lhe a venda que lhe oculta a gravidade de suas faltas, e possa o seu arrependimento merecer a vossa graça, para que se aliviem os sofrimentos de sua alma! Possam também as nossas preces, e a intercessão dos Bons Espíritos, levar-lhe a esperança e consolação; inspirar-lhe o desejo de reparar as suas más ações, através de uma nova existência; e dar-lhe a força necessária para não sucumbir nas novas lutas que terá de enfrentar! Senhor, tende piedade dele!

POR UM SUICIDA

71. Prefácio - O homem não tem jamais o direito de dispor da sua própria vida, pois só a Deus compete tirá-lo do cativeiro terreno, quando o julgar oportuno. Apesar disso, a justiça divina pode abrandar o seu rigor, em virtude de certas circunstâncias, reservando, porém, toda a sua severidade para aquele que quis furtar-se às provas da existência. O suicida assemelha-se ao prisioneiro que escapa da prisão antes de cumprir a sua pena, e que ao ser preso de novo será tratado com mais severidade. Assim acontece, pois, com o suicida, que pensa escapar às misérias presentes e mergulha em maiores desgraças. *(Cap. V, nº 14 e segs.).*

72. Prece - Sabemos qual a sorte que espera os que violam a vossa lei, Senhor, para abreviar voluntariamente os seus dias! Mas sabemos também que a vossa misericórdia é infinita. Estendei-a sobre o Espírito de *Fulano,* Senhor! E possam as nossas preces e a vossa comiseração abrandar as amarguras dos sofrimentos que suporta, por não ter tido a coragem de esperar o fim das suas provas! Bons Espíritos, cuja missão é assistir os infelizes, tomai-o sob a vossa proteção; inspirai-lhe o remorso pela falta cometida, e que a vossa assistência lhe dê a força de enfrentar com mais resignação as novas provas que terá de sofrer, para repará-la. Afastai dele os maus Espíritos, que poderiam levá-lo novamente ao mal, prolongando os seus sofrimentos, ao fazê--lo perder o fruto das novas experiências. E a ti, cuja desgraça provoca as nossas preces, que possa a nossa comiseração adoçar a tua amargura, fazendo nascer em teu coração a esperança de um futuro melhor! Esse futuro está nas tuas próprias mãos: confia na bondade de Deus, que espera sempre por todos os que se arrependem, e só é severo para os de coração empedernido.

PARA OS ESPÍRITOS EM ARREPENDIMENTO

73. Prefácio - Seria injusto colocar na categoria dos maus Espíritos os que estão em sofrimento e arrependimento, pedindo preces. Podem ter sido maus, mas já não o são, desde o momento em que reconhecem as suas faltas e as lamentam. São apenas infelizes. Alguns, até mesmo, já começam a gozar de uma felicidade relativa.

74. Prece - Deus de misericórdia, que aceitais o arrependimento sincero do pecador, encarnado ou desencarnado, eis aqui um Espírito que se comprometeu com o mal, mas que reconhece os seus erros e entra no bom caminho. Dignai-vos, Senhor, recebê-lo como um filho pródigo e dar-lhe o vosso perdão. Bons Espíritos, se ele desprezou as vossas vozes, agora deseja ouvi-las. Permiti-lhe entrever a felicidade dos eleitos do Senhor, para que persista no desejo de se purificar, a fim de atingi-la. Sustentai-o nas suas boas resoluções, e dai-lhe a força de resistir aos seus maus instintos. E a ti, Espírito de *Fulano*, nossas felicitações pela vossa modificação, e nossos agradecimentos aos Bons Espíritos que te ajudaram! Se antes te comprazias no mal, era porque não sabias como é doce e bom fazer o bem, e porque te julgavas demasiado baixo para o conseguir. Mas, desde o instante em que puseste o pé no bom caminho, uma nova luz se fez para ti. Começaste a gozar, então, de uma felicidade desconhecida, e a esperança brilhou no teu coração. É que Deus sempre escuta a prece do pecador em arrependimento, jamais repelindo os que o procuram.

Para voltar completamente à graça do Senhor, aplica-te, de agora em diante, não só a evitar o mal, mas em fazer o bem, e sobretudo em reparar o mal que fizeste. Então terás satisfeito a justiça de Deus, pois cada boa ação apagará uma de tuas faltas passadas. O primeiro passo está dado; agora, quanto mais avançares, mais o caminho te parecerá fácil e agradável. Persevera, pois, e um dia terás a glória de ser contado entre os Bons Espíritos, entre os Espíritos Bem-aventurados.

PELOS ESPÍRITOS ENDURECIDOS

75. Prefácio - Os maus Espíritos são os que ainda não foram tocados pelo arrependimento; que se comprazem no mal e não sentem nenhuma pena pelo que fazem; que são insensíveis às repreensões, repelem a prece e frequentemente blasfemam contra Deus. São essas almas endurecidas que, após a morte, se vingam dos homens pelos sofrimentos que suportaram, e perseguem com o seu ódio aqueles a quem detestaram durante a vida, seja obsedando-os, seja perturbando-os com alguma falsa influência. *(Caps. X, nº 6 e XII, nº 5 e 6).*

Entre os Espíritos perversos, há duas categorias bem distintas: dos que são francamente maus, e a dos hipócritas. Os primeiros são infinitamente mais fáceis de serem conduzidos ao bem, do que os segundos. Porque são, na maioria das vezes, de natureza estúpida e grosseira, como podemos ver entre os homens, e como estes,

fazem o mal mais por instinto do que por cálculo, e não pretendem passar por melhores do que são. Há neles um germe latente, que é necessário fazer germinar, o que se consegue quase sempre com perseverança, firmeza e benevolência, através de conselhos, da argumentação e da prece. Nas comunicações mediúnicas, a dificuldade que sentem para pronunciar o nome de Deus revela um temor instintivo, e uma recriminação da consciência, que os acusa de indignidade. Os que assim se apresentam estão no limiar da conversão, e tudo podemos esperar deles: basta encontrar-lhes o ponto vulnerável do coração.

Os Espíritos hipócritas são quase sempre muito inteligentes e não têm no coração nenhuma fibra sensível. Nada os toca. Fingem todos os bons sentimentos para ganhar a confiança, e ficam felizes quando encontram todos que os aceitam como Espíritos bons, pois então podem dirigi-los à vontade. O nome de Deus, longe de lhes inspirar o menor temor, serve-lhes de máscara para as suas torpezas. No mundo invisível, como no mundo visível, os hipócritas são os seres mais perigosos, porque agem na sombra, e deles não se desconfia. Eles têm as aparências da fé, mas não a sinceridade da fé.

76. Prece - Senhor, dignai-vos lançar um olhar de bondade aos Espíritos imperfeitos, que estão ainda nas trevas da ignorância e que vos desconhecem, principalmente ao Espírito de *Fulano*. Bons Espíritos, ajudai-nos a fazê-lo compreender que, induzindo aos homens o mal, obsedando-os e atormentando-os, prolonga os seus próprios sofrimentos; fazei que o exemplo da felicidade que gozais se torne um encorajamento para eles. Espírito que te comprazes ainda na prática do mal, ouviste a prece que fizemos por ti; ela deve provar-te que desejamos fazer-te o bem, embora faças o mal.

És infeliz, porque é impossível ser feliz praticando o mal. Por que, pois, permanecer no sofrimento, quando depende de ti sair dele? Não vês os Bons Espíritos que te cercam, como são felizes, e não te seria agradável gozar também dessa felicidade? Dirás que isso é impossível, mas nada é impossível para aquele que o quer, porque Deus te deu, como a todas as criaturas, a liberdade de escolher entre o bem e o mal, o que vale dizer: entre a felicidade e a desgraça, e ninguém é condenado a fazer o mal. Se tens a vontade de o fazer, podes ter também a de fazer o bem e ser feliz. Eleva os teus olhos a Deus; eleva o teu pensamento a Ele, apenas por um instante, e um raio de sua divina luz virá esclarecer-te. Dize conosco estas simples palavras: *Meu Deus, eu me arrependo, perdoa-me!* Tenta arrepender-te e fazer o bem em lugar do mal, e verás que prontamente a sua misericórdia descerá sobre ti, e um bem-estar desconhecido virá substituir as agonias que sofres.

Quando tiveres dado um passo no caminho do bem, o resto será fácil. Compreenderás, então, quanto tempo perdeste da tua felicidade, por tua própria culpa. Mas um futuro radioso e cheio de esperança se abrirá diante de ti, fazendo-te esquecer o teu miserável passado, cheio de perturbações e de torturas morais, que seriam para ti um inferno, se tivessem de durar eternamente. Chegará o dia em que essas torturas serão tais, que a todo custo quererás fazê-las cessar: porém, quanto mais esperares para tomar uma decisão, mais difícil te será escapares a elas. Não creias que ficarás sempre nesse estado. Não, porque isso é impossível. Tens duas perspectivas pela frente: uma, é a de sofreres muitíssimo mais do que até agora; outra, a de seres feliz como os Bons Espíritos que estão ao teu redor. A primeira é inevitável, se persistires na tua obstinação; para a segunda, basta um simples esforço da tua vontade, que te afastará do mau caminho. Apressa-te, portanto, pois cada dia de atraso é um dia de felicidade que perdeste!

Bons Espíritos, fazei que estas palavras encontrem acesso nessa alma ainda atrasada, e possam ajudá-la a aproximar-se de Deus! Nós vo-lo pedimos em nome de Jesus Cristo, que teve tão grande poder sobre os Espíritos maus.

V. PRECES PELOS DOENTES E OS OBSEDADOS

PELOS DOENTES

77. Prefácio - As doenças pertencem às provas e às vicissitudes da vida terrena. São inerentes à grosseria da nossa natureza material e à inferioridade do mundo que habitamos. As paixões e os excessos de toda espécie, por sua vez, criam em nossos organismos condições malsãs, frequentemente transmissíveis pela hereditariedade. Nos mundos mais avançados, física e moralmente, o organismo humano, mais depurado e menos material, não está sujeito às mesmas enfermidades que o nosso, e o corpo não é minado secretamente pela devastação das paixões. *(Cap. III, nº 9)*. É necessário, pois, que nos resignemos a sofrer as consequências do meio em que nos situa a nossa inferioridade, até que nos façamos dignos de uma transferência. Isso não deve impedir-nos de lutar para melhorar a nossa situação atual. Mas, se apesar dos nossos esforços, não pudermos fazê-lo, o Espiritismo nos ensina a suportar com resignação os nossos males passageiros. Se Deus não quisesse que pudéssemos curar ou aliviar os sofrimentos corporais, em certos casos, não teria colocado meios curativos à nossa disposição. Sua solicitude previdente, a esse respeito, confirmada pelo instinto de conservação, mostra que o nosso dever é procurá-los e aplicá-los. Ao lado da medicação ordinária, elaborada pela ciência, o magnetismo nos deu a conhecer o poder da ação fluídica, e depois o Espiritismo veio revelar-nos outra espécie de força, através da mediunidade curadora e da influência da prece. *(Veja-se, a seguir, notícia sobre mediunidade curadora, nº 81).*

78. Prece *(Para o doente pronunciar)* - Senhor, vós sóis todo justiça, e se me enviastes a doença é porque a mereci, pois não fazeis sofrer sem motivo. Coloco a minha cura, portanto, sob a vossa infinita misericórdia. Se for de vosso agrado, restabelecer-me a saúde, darei graças a vós; se, pelo contrário, eu tiver de continuar sofrendo, da mesma forma darei graças. Submeto-me sem murmurar aos vossos decretos divinos, porque tudo o que fazeis só pode ter por fim, o bem das vossas criaturas. Fazei, oh! Meu Deus, que esta doença seja para mim uma benéfica advertência, levando-me a examinar-me a mim mesmo. Aceito-a como uma expiação do passado e como uma prova para a minha fé e a minha submissão à vossa santa vontade. *(Ver sobre a prece o nº 40).*

79. Prece *(Por um doente)* - Meu Deus, são

impenetráveis os vossos desígnios, e na vossa sabedoria enviastes a *Fulano* uma enfermidade. Voltai para ele, eu vos suplico, um olhar de compaixão, e dignai-vos por um termo aos seus sofrimentos! Bons Espíritos, vós que sois os ministros do Todo-Poderoso, secundai, eu vos peço, o meu desejo de aliviá-lo. Dirigi o meu pensamento, a fim de que possa derramar-se sobre o seu corpo como um bálsamo salutar, e sobre a sua alma como uma consolação. Inspirai-lhe a paciência e a submissão à vontade de Deus; e dai-lhe a força de suportar as suas dores com resignação cristã, para não perder os resultados desta prova porque está passando. *(Ver sobre a prece, nº 57).*

80. Prece *(Para o médium curador)* - Meu Deus, se quiserdes vos servir de mim, apesar de tão indigno, poderei curar este sofrimento, desde que seja essa a vossa vontade, porque tenho fé no vosso poder. Sem vós, porém, nada posso. Permiti aos Bons Espíritos impregnar-me com o seu fluido salutar, a fim de que o possa transmitir a este doente, e afastai de mim qualquer pensamento de orgulho e de egoísmo, que lhes poderia alterar a pureza.

PELOS OBSEDADOS

81. Prefácio - A obsessão é a ação persistente de um mau Espírito sobre uma pessoa. Apresenta características muito diversas, desde a simples influência de ordem moral, sem sinais exteriores perceptíveis, até a completa perturbação do organismo e das faculdades mentais. Oblitera todas as faculdades mediúnicas. Na mediunidade psicográfica, ou de escrever, revela-se pela obstinação de um Espírito em se manifestar exclusivamente, sem permitir que outros o façam. Os maus Espíritos pululam ao redor da Terra, em consequência da inferioridade moral dos seus habitantes. Sua ação malfazeja faz parte dos flagelos que a Humanidade suporta neste mundo. A obsessão, como as doenças, e como todas as atribulações da vida, deve ser considerada, pois, como uma prova ou uma expiação, e aceita nessa condição.

Assim como as doenças são o resultado das imperfeições físicas, que tornam o corpo acessível às influências perniciosas do exterior, a obsessão é sempre o resultado de uma imperfeição moral, que dá acesso a um mau Espírito. A uma causa física, opõe-se uma força física; a uma causa moral, é necessário opor uma força moral. Para preservar das doenças, fortifica-se o corpo; para garantir contra a obsessão, é necessário fortificar a alma. Disso resulta que o obsedado precisa trabalhar pela sua própria melhoria, o que na maioria das vezes é suficiente para o livrar do obsessor, sem socorrer-se de outras pessoas. Esse socorro se torna necessário quando a obsessão degenera em subjugação e em possessão, porque o paciente perde, por vezes, a sua vontade própria e o seu livre-arbítrio.

A obsessão é quase sempre a ação vingativa de um Espírito, e na maioria das vezes tem sua origem nas relações do obsedado com o obsessor, em existência anterior. *(Cap. X, nº 6; e XII, nº 5 e 6).*

Nos casos de obsessão grave, o obsedado está como envolvido e impregnado por um fluido pernicioso, que neutraliza a ação dos fluidos salutares e os repele. É necessário livrá-lo desse fluido.

Mas um mau fluido não pode ser repelido por outro da mesma espécie. Por uma ação semelhante a que o médium curador exerce nos casos de doença, é preciso expulsar o fluido mau com a ajuda de um fluido melhor, que produz, de certo modo, o efeito de um reagente. Essa é a que podemos chamar de ação mecânica, mas não é suficiente. Faz-se também necessário, e acima de tudo, *agir sobre o ser inteligente,* com o qual se deve falar com autoridade, sendo que essa autoridade só é dada pela superioridade moral. Quanto maior for esta, tanto maior será a autoridade.

E ainda não é tudo, pois para assegurar a libertação, é preciso convencer o Espírito perverso a renunciar aos seus maus intentos; despertar-lhe o arrependimento e o desejo do bem, através de instruções habilmente dirigidas, com a ajuda de evocações particulares, feitas no interesse da sua educação moral. Então, pode-se ter a dupla satisfação de libertar um encarnado e converter um espírito imperfeito.

A tarefa se torna mais fácil, quando o obsedado, compreendendo a sua situação, oferece o concurso da sua vontade e das suas preces. Dá-se o contrário quando, seduzido pelo Espírito embusteiro, ele se mantém iludido quanto às qualidades da entidade que o domina, e se compraz nas suas mistificações, porque então, em vez de ajudar, ele mesmo repele qualquer assistência. É o caso da fascinação, sempre infinitamente mais rebelde do que a mais violenta subjugação. *(Ver* O Livro dos Médiuns, *cap. XXIII).* Em todos os casos de obsessão, a prece é o mais poderoso auxiliar da ação contra o Espírito obsessor.

82. Prece *(Para o obsedado proferir)* - Meu Deus, permiti aos Bons Espíritos me livrarem do Espírito malfazejo que se ligou a mim. Se é uma vingança que ele pretende exercer, em consequência dos males que eu lhe teria feito outrora, vós o permitistes, meu Deus, e eu sofro por minha própria culpa. Possa o meu arrependimento me fazer merecedor do vosso perdão e da minha liberdade! Mas, seja qual for o motivo, suplico a vossa misericórdia para ele. Facilitai-lhe, Senhor, a senda do progresso, de que se desviou pelo pensamento de fazer o mal. Possa eu, de meu lado, retribuindo-lhe o mal com o bem, encaminhá-lo a melhores sentimentos.

Mas sei também oh! Meu Deus, que são as minhas imperfeições que me tornam acessíveis às influências dos Espíritos imperfeitos. Dai-me a luz necessária para as reconhecer; e afastai sobretudo o meu orgulho, que me torna cego para os meus defeitos. Como deve ser grande a minha indignidade, para que um ser malfazejo me possa dominar! Fazei, oh! Meu Deus, que este golpe desferido na minha vaidade me sirva de lição para o futuro; que ele me fortaleça na decisão de me depurar pela prática do bem, da caridade e da humildade, a fim de que possa opor, daqui por diante, uma barreira ao ataque das más influências. Senhor, dai-me a força de suportar esta prova com paciência e resignação! Compreendo que, como todas as demais provas, ela deve contribuir para o meu adiantamento, se eu não comprometer os seus resultados, com as minhas lamentações, pois ela me oferece uma oportunidade de demonstrar a minha submissão, e de praticar a caridade para com um irmão infeliz, perdoando-lhe o mal que me tenha feito. *(Caps. XII, nº 5 e 6; XXVIII, nº 15 e segs.; 46-47).*

83. Prece *(Pelo obsedado)* - Deus Todo-Poderoso, dai-me o poder de livrar *Fulano* do Espírito que o obseda. Se está nos vossos desígnios por um fim a esta prova, concedei-me a graça de falar a esse espírito com a necessária autoridade. Bons Espíritos que me assistem, e vós, Anjo-Guardião de *Fulano,* dai-me o vosso concurso; ajudai-me a libertá-lo do fluido impuro que o envolveu. Em nome de Deus Todo-Poderoso, conjuro o Espírito malfazejo que o atormenta a se afastar.

84. Prece *(Pelo Espírito obsessor)* - Deus, infinitamente bom, suplico a vossa misericórdia para o Espírito que obseda *Fulano!* Fazei que ele perceba as divinas claridades, a fim de que reconheça a falsidade do caminho que está seguindo. Bons Espíritos, ajudai-me a fazê-lo compreender que ele tem tudo a perder na prática do mal, e tudo a ganhar na prática do bem!

Espírito que vos comprazeis em atormentar *Fulano* ouvi-me, pois, que vos falo em nome de Deus! Se quiserdes refletir, compreendereis que o mal não pode levar ao bem, e que não podeis ser mais forte do que Deus e os Bons Espíritos, que poderão preservar *Fulano* de qualquer atentado de vossa parte. Se não o fizeram, foi porque ele tinha uma prova a sofrer. Mas quando essa prova terminar, eles vos impedirão de agir sobre ele. O mal que lhe tiverdes feito, em vez de prejudicá-lo, terá servido para o seu adiantamento, tornando-o mais feliz. Assim, a vossa maldade terá sido em vão, mas tornará fatalmente contra vós.

Deus, que é Todo-Poderoso, e os Espíritos Superiores, seus servidores, que são mais poderosos do que vós, poderão então por um fim a essa obsessão, quando quiserem, e a vossa tenacidade se quebrará contra essa autoridade suprema. Mas, por ser bom, quer Deus vos deixar o mérito de interrompê-la pela vossa própria vontade. É uma concessão que vos faz, e se não a aproveitardes, tereis de sofrer deploráveis consequências, pois grandes castigos e duros sofrimentos vos esperam. Sereis forçado a implorar a sua piedade e as preces da vossa vítima, que já vos perdoou e ora por vós, o que é um grande mérito aos olhos de Deus e apressará a sua libertação. Refleti, pois, enquanto é tempo, porque a justiça de Deus pesará sobre vós, como sobre todos os Espíritos rebeldes. Lembrai-vos de que o mal que fazeis neste momento terá forçosamente um fim, enquanto que, se persistirdes no vosso endurecimento, os vossos sofrimentos aumentarão sem cessar.

Quando estivestes na Terra, não consideráveis estúpido sacrificar um grande bem por uma pequena e breve satisfação? O que ganhais com o que estais fazendo? O triste prazer de atormentar alguém, que nem sequer vos impede de ser infeliz, por mais que afirmeis o contrário, e mais infeliz ainda vos fará no futuro!

Ao lado disso, vede o que perdeis: observai os Bons Espíritos que vos cercam e dizei se a sua sorte não é preferível à vossa. A felicidade que desfrutam será também vossa, quando o quiserdes. O que é necessário para tanto? Implorar a Deus o seu auxílio, e fazer o bem em vez de fazer o mal. Bem sei que não podeis transformar-vos de um momento para outro; mas Deus não quer o impossível; o que deseja é apenas a boa vontade. Tentai, portanto, e nós vos ajudaremos. Fazei que bem logo possamos dizer em vosso favor a prece pelos Espíritos em arrependimento, (n° 73), e não mais vos classificar entre os maus Espíritos, enquanto esperarmos o momento de vos contar entre os bons. *(Ver acima, o n° 75: Preces pelos Espíritos endurecidos).*

Observação - A cura das obsessões graves requer muita paciência, perseverança e devotamento. Exige também tato e habilidade, para a condução ao bem de Espíritos quase sempre muito perversos, endurecidos e astuciosos, pois que os há rebeldes até o último grau. Na maioria dos casos, devemos guiar-nos pelas circunstâncias. Mas, seja qual for a natureza do Espírito, o certo é que nada se obtém pelo constrangimento ou pela ameaça, pois toda a influência depende do ascendente moral. Outra verdade, igualmente verificada pela experiência, e que a lógica comprova, é *a completa ineficácia de exorcismos, fórmulas, palavras sacramentais, amuletos, talismãs, práticas exteriores ou quaisquer símbolos materiais.*

A obsessão demasiado prolongada pode ocasionar desordens patológicas, exigindo por vezes um tratamento simultâneo ou consecutivo, seja magnético ou médico, para o restabelecimento do organismo. A causa tendo sido afastada, ainda resta combater os efeitos. (Ver O Livro dos Médiuns, *cap. XXIII, sobre a obsessão*; e a Revista Espírita, *número de fevereiro de 1864 e número abril de 1865: exemplos de curas de obsessão).*

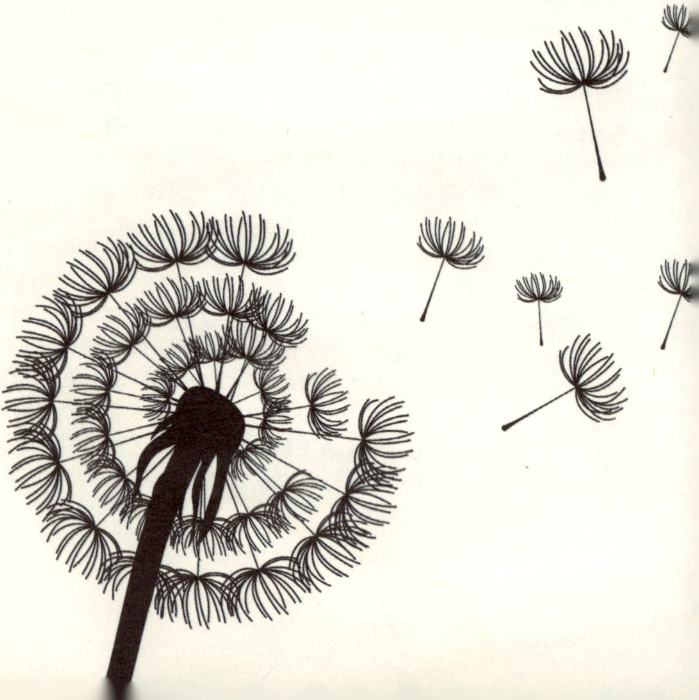

Prece de Cáritas⁽*⁾

Deus, nosso Pai, que sois todo Poder e Bondade, dai a força aquele que passa pela provação, dai luz aquele que procura a verdade; ponde no coração do homem a compaixão e a caridade!

Deus, dai ao viajor a estrela guia, ao aflito a consolação, ao doente o repouso.

Pai, dai ao culpado o arrependimento, ao espírito, a verdade, à criança o guia, ao órfão, o pai!

Senhor, que a Vossa Bondade se estenda sobre tudo que criastes. Piedade, Senhor, para aqueles que vos não conhecem, esperança para aqueles que sofrem. Que a Vossa Bondade permita aos espíritos consoladores derramarem, por toda a parte, a paz, a esperança e a fé.

Deus! Um raio, uma faísca do Vosso Amor pode abrasar a Terra; deixai-nos beber nas fontes dessa bondade fecunda e infinita, e todas as lágrimas secarão, todas as dores se acalmarão.

E um só coração, um só pensamento subirá até Vós, como um grito de reconhecimento e de amor.

Como Moisés sobre a montanha, nós Vos esperamos com os braços abertos. Oh! Poder!, Oh!

Bondade!, Oh! Beleza!, Oh! Perfeição!, e queremos de alguma sorte merecer a Vossa Divina Misericórdia.

Deus, dai-nos a força para ajudar o progresso, a fim de subirmos até Vós; dai-nos a caridade pura, dai-nos a fé e a razão; dai-nos a simplicidade, que fará de nossas almas, o espelho onde refletirá a Vossa Santa e Divina Imagem.

(*) **Nota da Editora**: Esta prece não se encontra em "O Evangelho Segundo o Espiritismo", mas na obra **Rayonnements la Vie Spirituelle**, de W. Krell, livro que fez grande sucesso em seu lançamento e é ainda editado na Bélgica. Esta prece do Espírito **Carita** foi psicografada na noite de 25 de dezembro de 1873, portanto, há mais de 100 anos.